O. F. von Möllendorff

Materialien zur Fauna der Philippinen

Die Insel Leyte

O. F. von Möllendorff

Materialien zur Fauna der Philippinen
Die Insel Leyte

ISBN/EAN: 9783743323629

Hergestellt in Europa, USA, Kanada, Australien, Japan

Cover: Foto ©berggeist007 / pixelio.de

Manufactured and distributed by brebook publishing software
(www.brebook.com)

O. F. von Möllendorff

Materialien zur Fauna der Philippinen

Materialien zur Fauna der Philippinen.

XI. Die Insel Leyte.

Von

Dr. O. F. von Möllendorff in Manila.

(Mit Tafel III, IV und V.)

Sonderabdruck aus:
„Bericht der Senckenbergischen Naturforschenden Gesellschaft in Frankfurt a. M."
1893.

Frankfurt a. M.
Druck von Gebrüder Knauer.
1893.

Materialien zur Fauna der Philippinen.
XI. Die Insel Leyte.

Von

Dr. **O. F. von Möllendorff** in Manila.

(Mit Taf. III, IV und V).

Die Insel Leyte, die vorletzte in der Reihe der mittleren Inseln, Visayas genannt, bildet mit der benachbarten Samar, von welcher sie nur durch einen schmalen, flußartigen Meeresarm getrennt ist, sichtlich die Fortsetzung der südöstlichen Halbinsel von Luzon, während sie südlich sehr nahe an die Nordostspitze von Mindanao reicht, mit der sie die Küsteninseln Panaon und Dinagat noch näher verbinden. Ihre Ausdehnung wird auf 10000 □. km geschätzt; sie ist verhältnismäßig spät unter Kultur genommen worden und zählt deshalb nach dem letzten amtlichen Census nur etwa 270000 Einwohner, die sich auf 47 größere Ortschaften (Kirchdörfer) und über 200 kleinere Dörfer und Weiler verteilen. Die Insel ist gebirgig, ohne bedeutende Erhebungen zu besitzen; größere ebene Flächen fehlen. Durch ihre Lage erhält sie beide Monsune fast direkt vom Meere, sie hat deshalb auch nicht den ausgesprochenen Gegensatz der Jahreszeiten wie Luzon, sondern ein mehr gleichmäßiges feuchtes Klima, welches sie besonders geeignet zur Pflanzung von Abaka (*Musa textilis*, vulgo Manilahanf) und Kokospalmen macht. Noch ist viel Wald vorhanden, der aber rasch verschwinden wird, um Abakapflanzungen Platz zu machen. Über den geologischen Bau der Insel liegen keine sicheren Daten vor. Der Norden und Osten scheinen durchweg vulkanisch zu sein; hier besuchte Jagor den erloschenen Vulkan Manacagan und seine Solfataren. Im Süden treten Kalke auf, wohl durchweg gehobene Korallenriffe, die sich auf die Westküste bis Ormoc fortsetzen.

Über die Molluskenfauna war bis vor kurzem wenig bekannt. H. Cuming scheint blos einige Küstenplätze besucht zu haben; aus seiner Ausbeute werden nur folgende Arten von Leyte erwähnt:

Helicarion leytensis Beck.

H. margarita Beck.

Coneuplecta scalarina Pfr.,

Macroceras spectabilis Pfr.,

Hemiglypta semiglobosa Pfr.,

Cochlostyla fragilis Sow.,

C. sphaerion Sow.,

C. conifera Sow.,

C. cretata Brod.,

Cyclophorus validus Sow.,

? tigrinus Sow.,

(wahrscheinlich *leucostoma* Pfr.).

Moulinsia grandis Gray,

Plecotrema typica Ad.

C. Semper hat nur den Süden der Insel flüchtig berührt; dagegen sammelte er auf den Küsteninseln Panaon und Limansaua, welche geographisch wie faunistisch zu Leyte gehören. Von der Hauptinsel erwähnt er:

Cochlostyla sphaerion var. *nana* S.,

C. camelopardalis Brod. (wahrscheinlich *connectens* v. Mlldff.),

Amphidromus maculiferus Sow. var.;

von Panaon:

Hemiglypta semiglobosa Pfr.,

Obbina basidentata Pfr.,

Cochlostyla sphaerion Sow.,

C. panaensis Semp.,

C. camelopardalis Brod. (= *connectens* v. Mlldff. var.);

von Limansaua:

Obbina basidentata Pfr.,

Cochlostyla limansauensis Semp.,

Leptopoma vitreum Less.

Einen erheblichen Zuwachs erhielt unsere Kenntnis der Insel durch die Sammlungen, welche mein Freund O. Koch in Cebu durch Eingeborene an der Westküste (Maasin, Bato, Ormoc, Palompon) sowie auf der Küsteninsel Timobo machen ließ, und durch welche folgende Arten der Fauna hinzugefügt wurden:

Ennea quadrasi v. *minor* v. M.,

Vitrinopsis planulata Pfr.,

Vitrinoconus suturalis v. M.,

Euplecta kochiana v. M.,

Kaliella pseudositala v. M.,

K. pusilla v. M.,

Lamprocystis pseudosuccinea v. M.,

L. gemmula v. M.,

L. semiglobulus v. M.,

Trochomorpha metcalfei Pfr.,

Tr. splendidula v. M. var. *carinaria* v. M.,

Obbina bigonia Fér.,

O. scrobiculata v. *conoidalis* v. M.
(Timobo).

O. rota Brod.,

Patula aperta v. M.,

Endodonta philippinensis Semp.,

Satsuma trochomorpha v. M.
v. *dimidiata* v. M.,

Chloritis leytensis v. M.,

Cochlostyla gloynei Sow.(Timobo).

C. velata Brod. v. *elongata* v. M..

Opeas gracile Hutt.,

Melampus luteus Quoy Gaim.,

Tralia hanleyana Gass.,

Auricula subula Quoy Gaim.,

Cyathopoma pyramidatum v. M.,

Cyclotus leytensis v. M.,

C. caroli Kob.,

Cyclophorus sowerbyi Hid.,

Lagochilus grande v. M.,

Leptopoma vitreum Less.,

L. concinnum Sow.,

Helicomorpha depressa v. M.,

Arinia sowerbyi Pfr. var. *abnormis* v. M.,

Palaina chrysalis v. M. var. *cylindrus* v. M.,

P. porrecta v. M..

Diplommatina rupicola v. M.,

D. leytensis v. M.,

D. breviplica v. M.,

Pupina nana v. M.,

Moulinsia fusca Gray.

Helicina acutissima Sow.,

H. acuta Pfr.,

H. dichroa v. M.

Wenn mithin unsere Kenntnis der Fauna sich auf einige 60 Arten belief, so war anzunehmen, daß eine gründliche Erforschung der Insel durch einen ausgezeichneten Sammler wie meinen Freund J. F. Quadras noch sehr viel Neues bringen würde, und der Erfolg seiner im Frühjahr 1892 dahin unternommenen Reise hat diese Erwartung glänzend gerechtfertigt, da sich die Zahl der Arten durch seine Sammelresultate mehr als verdoppelt hat. Er hat mir dieses Mal die Bearbeitung seiner Ausbeute übertragen, um Herrn Hidalgo, welcher mit unbearbeitetem Material von den Philippinen noch überhäuft ist, etwas zu entlasten und ihm Zeit zu geben, mit der Bestimmung der in den letzten 9—10 Jahren von Quadras gesammelten Land-, Süßwasser- und Seekonchylien etwas schneller voranzukommen.

Quadras reiste per Dampfer zunächst nach Carigara im Norden der Insel, wo ein kurzer Aufenthalt einen flüchtigen Besuch der schon ziemlich entwaldeten Hügel ermöglichte, dann weiter nach der Hauptstadt Tacloban im Nordosten, an dem engen Meeresarm zwischen Leyte und Samar gelegen. Von hier wurden die an der Meerenge liegenden Weiler Magonbagon, Tigbao, Cogoncogon u. a. besucht. Die Berge treten bis nahe an die Küste und sind noch gut bewaldet, das Gestein ist vulkanisch. Von Tacloban ging die Reise mittelst Dampfer weiter nach Cabalian an der Ostküste. Die Küste ist hier sehr flach, niedrige Berge liegen ein bis zwei Stunden landeinwärts; Weiler Saob, Menoiho. Von Cabalian wieder mit Dampfer nach Liloan auf der Insel Panaon fahrend, sammelte Quadras einige Tage auf dieser noch gut bewaldeten Insel mit ziemlich hohen Bergen. Er setzte dann nach der gegenüberliegenden Südküste von Leyte über, wo bei dem Dorfe Tagbag Kalkfelsen eine gute Sammelstelle boten. Eine weitere Dampferfahrt brachte ihn von Liloan nach Malitboc, auf der Ostseite der südwestlichen Halbinsel von Leyte. Hier war die beste Sammelgegend der Reise: viel Wald und Kalkfelsen; es wurden die umliegenden Dörfer und Weiler Biliran, Lambunao, Iba, Timba u. a. m. besucht. In kurzer Bootfahrt wurde nach der kleinen Insel Limansaua übergesetzt, die insofern eine Enttäuschung bot, als sie gänzlich entwaldet ist und keine bedeutenden Erhebungen zeigt. Der Boden ist nach Quadras ein seifiger Lehm; hie und da tritt Kalk auf. Die von Semper entdeckte *C. limansauensis* wurde zahlreich gesammelt, sie lebt auf Sträuchern nahe am Strande. Das nächste Reiseziel war das auch von Semper besuchte Dorf Macrohon nebst den Weilern Cambaró, Mopo, Malpagni, Caulusay, Catong u. s. w. Diese Gegend und anscheinend die ganze Westküste besteht aus Kalk. Teils zu Wasser teils zu Land ging die Reise weiter nach den größeren Dörfern Maasin, Bato, Inopacan, Baybay und Ormoc; überall wurden Exkursionen ins Land hinein unternommen. Von Ormoc aus durchquerte Quadras die Insel in nordöstlicher Richtung nach Jaro und Palo, von wo dann die Hauptstadt Tacloban wieder erreicht wurde. Der Übergang über die centralen Berge, welche vulkanisch zu sein scheinen, war nicht hoch, nur durch den Urwald und den Mangel an Ansiedlungen beschwerlich.

Ich habe diesen kurzen Auszug aus dem Itinerar hier eingefügt, um die Lage der einzelnen Fundorte, die später aufgeführt werden sollen, klarzulegen. Das Resultat der Reise ist auch hier, daß die Kalkregion, hier der südliche und westliche Teil der Insel, die größte Artenzahl überhaupt und die meisten endemischen Formen aufweist. Sichten wir die überhaupt bis jetzt bekannten Arten, mit Ausschluß der Süß- und Brackwasserschnecken, so ergiebt sich folgende Gruppierung:

1) Allgemein über den Archipel verbreitete Arten, wohl meist durch Kulturpflanzen verbreitet:

Ennea bicolor,
Ennea fodicus,
Opeas gracile,
O. clavulinum.

2) Arten, welche mit mehreren anderen Inseln gemeinsam sind:

Ennea quadrasi var. *minor* (Cebu, Siquijor, Negros, Guimaras),
Helicarion crenularis (Cebu, Negros),
Sitala lineolata (Luzon, Siquijor),
Kaliella tenuisculpta (Luzon, Marinduque, Catanduanes),
K. pusilla (Luzon, Catanduanes, Cebu),
Lamprocystis pseudosuccinea (Cebu, Negros, Mindanao, Luzon etc.),
L. gemmula (Luzon, Cebu),
Trochomorpha metcalfei (Cebu, Siquijor, Camotes, Bohol),
Tr. repanda (ganzer Archipel),
Obbina bigonia (Samar, Bohol, Siargao, Mindanao),
O. moricandi (Bohol, Dinagat, Siargao, Mindanao),
O. scrobiculata (Bohol, Camotes),
O. rota (Siquijor, Cebu, Bohol, Camotes, Mindanao),
Patula operta (Luzon, Calamianes),
Endodonta philippinensis (Luzon, Catanduanes, Cebu, Siquijor, Mindanao),
Plectotropis visayana (Bohol, Cebu, Negros, Guimaras),
Papuina philippinicum (ganzer Archipel),
Cochlostyla pithogastra (SO-Luzon, Catanduanes, Samar, Masbate),
Hapalus grateloupi (Catanduanes, Cebu, Guimaras),
Leucochilus pediculus var. *ovatula,*
L. artense, } ganzer Archipel.
Stauradon moreleti,
Succinea philippinica (Luzon, Cebu, Mindanao),
Cyclotus pusillus (Luzon, Cebu, Negros, Guimaras etc.),
C. caroli (Bohol, Siquijor, Cebu, Mindanao),
Cyclophorus validus (Samar, Mindanao),
C. leucostoma (Bohol, Mindanao),
C. acutimarginatus (Samar, Siargao, Mindanao),
C. sowerbyi v. *solida* (mittlere Inseln, Typus auch Luzon etc.),
Lagochilus parvum (Cebu, Panay),

Leptopoma vitreum (ganzer Archipel, Formosa, Molukken, Neu-
    Guinea, Bismarck-Archipel),

L. concinnum (Philippinen, Molukken),

L. helicoides (ganzer Archipel),

Arinia sowerbyi (mittlere Inseln),

Porocallia microstoma (Mindanao, Catanduanes, SO-Luzon),

Moulinsia grandis (SO-Luzon, Catanduanes, Samar, Siquijor,
    Mindanao),

M. fusca (wie vorige, auch Cebu),

Truncatella valida und *Tr. vitiana* (ganzer Archipel, Indonesien,
    Melanesien, Polynesien),

Tr. semperi (Bohol, Cebu),

Helicina acutissima (mittlere Inseln),

H. acuta (Mindanao, Siargao, Cebu, Samar),

H. caroli (Mindanao, Siargao, Samar),

H. dichroa (Cebu, Bohol, Siquijor, Mindanao),

H. citrinella (ganzer Archipel),

H. parva (mittlere und südliche Inseln),

Georissa subglabrata (Luzon, Cebu etc.).

3) Mit einzelnen Inseln gemeinsam:

Vitrinopsis planulata (Luzon),

Sitala philippinarum (Cebu),

Kaliella pseudositala (Cebu),

Lamprocystis semiglobatus (Luzon),

Obbina basidentata (Mindanao),

Chloritis spinosissima (Mindanao),

Leytia fragilis (Samar),

Axina gloyneri (Magtan),

Georstilbia philippinica (Cebu),

Arinia minutissima (Cebu),

Diplommatina rupicola (Cebu).

4) Auf Leyte beschränkte Varietäten von Arten anderer
    Inseln:

Ennea locardi var. *elongata* (Typus auf Negros),

Helicarion margarita v. *dimidiata* (Typ. Cebu),

Macroceras spectabilis v. *carinata* (Typ. Samar, Cebu, Camotes,
    Catanduanes),

Euplecta reyesi v. *leytensis* (Typ. NO-Mindanao),

Lamprocystis imitatrix v. *stenostoma* (Typ. Cebu).

Trochomorpha splendidula v. *carinaria* (Typ. Cebu. Negros).

Obbina marginata v. *pallescens* (Typ. Mindanao, andere vars. Cebu. Siquijor),

Satsuma trochomorpha v. *dimidiata* (Typ. Cebu. Surigao. Catanduanes),

Cochlostyla sphaerion et vars. *nana*, *crassilabris* (v. *meridionalis* Mindanao),

C. conifera (Typus nur auf Leyte, vars. Samar, Siargao, Dinagat, Mindanao),

C. cryptica var. *cretata* (Typ. Samar, andere vars. Panaon, Camotes, Bohol, Siargao, Mindanao),

C. celata v. *elongata* (Typ. Cebu).

Amphidromus maculiferus v. *multicolor* (Typ. Mindanao).

Opeas hexaggrum v. *polyggra* (Typ. Cebu).

Cyclotus auriculatus v. *deflexa* (Typ. Mindanao).

Arinia devians v. *attenuata* (Typ. Cebu),

A. costata v. *minor* (Typ. Cebu).

Palaina chrysalis v. *cylindrus* (Typ. Cebu),

Diplommatina irregularis v. *minima* (Typ. Cebu),

Acmella hungerfordiana v. *centrosula* (Typ. Cebu. Siquijor. Negros. Guimaras).

Helicina lazarus v. *trochacea* (Typ. Luzon. Catanduanes. var. Cebu).

5) Auf Leyte beschränkte Arten:

Art.	Nächstverwandte Art oder Verbreitung der Gruppe.
Vitrinoconus saturalis.	*V. orthostoma* Guimaras, Negros, Panay, Mindanao.
Helicarion leytensis.	
Parmplecta quadrasi.	*P. excentrica*, Siquijor; *marginata*, Cebu.
Euplecta kochiana.	*E. boholensis*, Bohol; *cebuensis*, Cebu.
Coneuplecta scalarina.	*C. confusa*, Cebu, Negros.
Kaliella transitans.	
Lamprocystis appendiculata.	*L. gemmula.*
L. subcrystallina.	*L. crystallina*, Cebu, Siquijor.
Trochomorpha sericina.	*T. splendens*, Cebu.

Art.	Nächstverwandte Art oder Verbreitung der Gruppe.
Chloritis leytensis.	*Chl. quieta,* Mindanao.
Corasia limansauensis.	Gruppe der *C. intorta,* mittlere Inseln.
Cochlostyla connectens.	*C. boholensis,* Bohol; *camelopardalis,* Cebu.
Cyathopoma pyramidatum.	*C. philippinicum,* Luzon.
Cyclotus (Pseudocyclophorus) leytensis.	*C. cyclophoroides,* Cebu, Gruppe; Celebes, Molukken, Sulu-Inseln.
Ditropis decollata.	*D. cebuana,* ⎫ Cebu.
D. rotundina.	*D. pyramidata,* ⎬
D. corniculum.	*D. mira,* Siquijor.
Lagochilus grande.	*L. helicoides,* Bohol.
L. concolor.	*L. subcarinatum,* Cebu
Leptopoma quadrasi.	*L. luteostoma,* Guimaras.
Helicomorpha quadrasi.	⎫ Gattung: Cebu, Siquijor, Guimaras, Catanduanes.
H. appendiculata.	⎬
H. depressa.	⎭
Palaina porrecta.	
P. mirabilis.	
Diplommatina quadrasi.	⎫ *D. kochiana,* Cebu.
D. leytensis.	⎬
D. breviplica.	⎭
D. micropleuris.	
D. subcrystallina.	
Pupina nana.	*P. bicanaliculata,* Cebu.
Omphalotropis conjungens.	*O. stricta,* China.
Truncatella quadrasi.	
Tr. albida.	
Georissa quadrasi.	*G. rufescens,* Luzon.
G. turritella.	*G. subglabrata,* Luzon, Cebu etc.

Es erscheint noch verfrüht nach diesen Zusammenstellungen Schlüsse auf das Verhältnis der Fauna von Leyte zu denen der benachbarten Inseln und etwa auf die Entstehung derselben zu ziehen, da wir hierzu die einzelnen Faunen immer noch zu unvollständig kennen. Daß z. B. von den kleinen Arten eine so

große Zahl mit Cebu gemeinsam ist, kann nicht mit Sicherheit
als Beweis für eine größere Verwandtschaft mit dieser Insel
angenommen werden, sondern könnte namentlich darauf beruhen,
daß wir die Minutienfauna von Cebu besser kennen, als die
irgend einer anderen Insel. Im Allgemeinen aber gliedert sich
die Fauna in drei Regionen, welche einen näheren Zusammenhang mit je einer der benachbarten Inseln zeigen. So sind die
mit Samar gemeinsamen Arten, wie namentlich *Leytia fragilis*
und *Cochlostyla zonifera* und *pithogastra* auf den Norden und
Nordosten der Insel beschränkt; der Süden bietet die mit Mindanao gemeinsamen oder mit Mindanao-Arten nächstverwandten
Schnecken: *Amphidromus maculiferus*, *Chloritis spinosissima*,
Obbina basidentata, *Cyclotus auriculatus* v. *deflexa*, *Obbina marginata* v. *pallescens*, *Euplecta regesi* v. *leytensis* u. a. m. Die
Kalkregion des Südwestens und Westens schließlich weist am
meisten auf Cebu hin. Von den weiter verbreiteten Arten sind
eine Reihe von Catanduanes her über Südost-Luzon, Samar und
Leyte bis Mindanao, also längs der pacifischen Seite des Archipels
beobachtet, ohne sich nach Westen zu verbreiten; es sind dies
namentlich die an perennierende Feuchtigkeit gebundenen
Schnecken, wie *Porocallia microstoma* und *Moulinsia grandis*
und *fusca* — letztere beide greifen noch bis Bohol, Siquijor
und Cebu über —, während *Cyclophorus validus* und *acutimarginatus*, *Helicina caroli* u. a. von Mindanao über Leyte bis
Samar reichen. Eine ziemliche Anzahl von Arten verbreiten
sich von Leyte westlich über sämtliche Visayas-Inseln, wenige
sind auch mit Luzon gemeinsam, für welche die noch fast un-
erforschte Insel Masbate die Brücke bilden wird. Alle diese
Beziehungen deuten mit Sicherheit auf einen früheren Landzusammenhang hin; an eine Einwanderung nach der Trennung
der einzelnen Inseln, wie sie z. B. Semper annimmt, ist nur in
beschränktem Maße zu denken. Sie könnte im besten Falle
doch nur bei Baumschnecken möglich gewesen sein, wo die von
Wallace und Semper angenommene Verbreitung durch schwim-
mende Baumstämme allenfalls möglich, wenn auch recht un-
wahrscheinlich wäre. Auch die Verbreitung durch Vermittlung
des Menschen bei Einführung von Kulturgewächsen, der ich
geneigt bin eine größere Rolle zuzuerkennen, als bisher geschehen ist, würde immer nur Baum-, allenfalls noch Mulm-

schnecken betroffen haben. Schnecken dagegen, welche an Felsen gebunden sind, können nur gekrochen sein, und ihr gemeinsames Vorkommen auf mehreren Inseln kann nur durch einstigen Landzusammenhang erklärt werden. Ein sorgfältiges Studium sämtlicher philippinischen Inselfaunen wird vielleicht sogar die Feststellung der Reihenfolge ermöglichen, in welcher die einzelnen Inseln von dem einstigen Kontinente losgetrennt worden sind. Vorläufig fehlt dazu noch viel, da kleine Arten mit Gründlichkeit erst an wenigen Punkten des Archipels gesammelt worden sind. In dieser Hinsicht ist die Quadras'sche Durchforschung der Insel Leyte als ein großer Fortschritt zu bezeichnen.

Fam. **Streptaxidae.**

1. *Ennea (Huttonella) bicolor* Hutt.

Hier wie anderwärts eingeführt.

2. *Ennea (Diaphora) quadrasi* v. Mlldff. var. *minor* v. Mlldff.

Maasin (Koch), Macrohon, Matalon, Tagbag (Quadras). Von Cebu, Siquijor, Negros und Guimaras bekannt.

3. *Ennea (Diaphora) locardi* Hid. var. *elongata* n.

Von *Ennea locardi* Hid. (Obras 1890 p. 90, Atlas t. I f. 4), welche Quadras auf der Insel Negros entdeckte, durch etwas bedeutendere Größe, einen Umgang mehr, etwas gröbere Crenulierung an der Naht und überhaupt etwas deutlichere Streifung, kräftigere Mündungslamellen und mehr gerundete Mündung, welche beim Typus entschieden birnförmig ist, verschieden, alles nur graduelle Unterschiede, daher nur Varietät.

Long. 6,25, diam. 1,5 mm.

Angay bei Inopacan (Quadras).

Fam. **Vitrinidae.**

4. *Vitrinopsis planulata* (Pfr.)

v. Mlldff., Mal. Bl. X 1888 p. 155. — *V. fasciata* Soul., Voy. Bon. Zool. II. 1852 p. 198; Hidalgo, Obras 1890 p. 63, 64.

Maasin (Koch), Campagal bei Jaro (Quadras).

Hidalgo weist überzeugend nach, daß Souleyet's Art, deren Abbildung nach eigener Bemerkung des Autors mißraten war, mit *V. planulata* Pfr. identisch ist. Der mir, wie er richtig bemerkt, unbekannt gebliebene Fundort Souleyet's „Wälder an der Laguna" deckt sich völlig mit dem Originalfundort Pfeiffers, Calauang in der Provinz Laguna. Um so auffallender ist es, daß Hidalgo den um vier Jahre jüngeren Namen voranstellt, statt ihn als Synonym zu *planulata* zu ziehen.

Die Exemplare von Leyte sind etwas kleiner als die von Luzon, aber sonst nicht verschieden.

5. *Vitrinoconus suturalis* n. sp. (Taf. III, Fig. 1, 1a, 1b).

T. anguste sed aperte umbilicata, discoidea, tenuis, pellucida, nitens, corneo-hyalina; spira vix prominula. Anfr. 5 convexi, lente accrescentes, sutura profunda canaliculata discreti, ad suturam striati, ultimus non descendens, subtus glabratus, planiusculus. Apertura parum obliqua, lunaris; peristoma simplex, acutum, margine externo ad insertionem recedente, margine columellari sinuoso, haud reflexo.

Diam. max. 4, alt. vix 2 mm.

Vitrinoconus suturalis v. Mlldff., N. Bl. D. M. G. 1890 p. 201.

B a t o (Koch), M a a s i n (Quadras).

Diese interessante Form steht am nächsten dem *V. orthostoma* Pfr. von Panay, Guimaras und Negros, unterscheidet sich aber durch die geringe Größe, 4 statt 7½ mm bei gleicher Zahl der Windungen, die tiefere Naht und deutlichere Kantung der Windungen an derselben, flachere Windungen und niedrigeres Gewinde, unten weniger gewölbten letzten Umgang. Ferner ist die Streifung bei *V. orthostoma* gleichmäßig fast bis an die Peripherie fortgesetzt, bei *suturalis* ist sie an der Naht stärker und eigentlich nur da deutlich, dann schwächt sie sich rasch ab.

Die systematische Stellung von *Helix orthostoma* ist noch etwas unsicher; bei Albers-Martens steht sie in *Orobia*, Semper und Tryon ziehen sie mit Zweifel zu *Euplecta*, wo sie Pfeiffer (Nomencl.) und Hidalgo belassen. Wäre sie überhaupt eine Naninide, so könnte sie wegen der Skulptur der Oberseite und der glatten Unterseite allerdings nur bei *Euplecta* untergebracht werden; dagegen spricht aber mit Sicherheit die Bildung der Spindel, welche durchaus nicht umgeschlagen ist. Nach der glatten und glänzenden Unterseite, der entschiedenen Streifung oben, dem offenen Nabel paßt sie recht gut zu *Vitrinoconus*, in welcher Gattung schon fast ebenso flache Formen (*V. discoideus* Semp., *glaber* m. und *sinaitensis* Pfr.) bekannt sind. Abweichend ist nur der Mangel eines Kieles. Einstweilen, bis die Weichteile untersucht sind, erscheint die Einreihung bei *Vitrinoconus* als das richtigste.

Fam. **Naninidae.**

6. *Helicarion leytensis* (Beck).

Vitrina leytensis (Beck) bei Pfeiffer, Mon. Hel. II p. 500.

Leyte (Cuming). Magonbagon bei Tacloban, Campagal bei Jaro, Menoiho bei Cabalian (Quadras).

Die Quadras'schen Exemplare sind alle jung, doch passen sie ganz gut zu Pfeiffer's Diagnose.

7. *Helicarion crenularis* (Beck).

v. Mlldff., J. D. M. G. XIV 1887 p. 260.

Zwischen Ormoc und Jaro (Quadras).
Sonst von Cebu und Negros bekannt.

8. *Helicarion margarita* (Beck) var. *dimidiata* n.

an = *Vitrina margarita* var. β bei Pfeiffer, Mon. Hel. II p. 500?

Insel Panaon (Quadras). Leyte (Cuming).

Nur etwa halb so groß als der Typus von Cebu, sonst wenig verschieden.

9. *Macrochlamys (Macroceras) spectabilis* (Pfr.) var. *carinata* n.

Unicolor virescenti-flavida apice fulvescente, peripheria distincte angulata.

Helix spectabilis var. β bei Pfeiffer, Mon. Hel. I p. 48; Chemn. ed. II Helix No. 165, t. 32 f. 5, 6.

Leyte (Cuming). Tacloban, Magoubagon, Camanangac bei Palo, Alangalang (Quadras).

Die Stammart kennen wir von Samar, den Camotes, Cebu und Catanduanes. Während mir unter vielen hundert Exemplaren von Samar kein einziges ungebändertes vorgekommen ist, sind die zahlreichen von Quadras auf Leyte gesammelten

Stücke sämtlich ungebändert und dabei stärker gekantet, bilden also eine geographische Varietät. Auf Catanduanes fand Quadras unter typischen gebänderten einige Stücke von gleichförmig dunkelbrauner Farbe, sichtlich durch Ausdehnung der Binde über die ganze Schale entstanden.

10. *Euplecta (Pareuplecta) quadrasi* n. sp. (Taf. III, Fig. 2, 2a).

T. anguste perforata, depressa, tenuis, superne sat distanter plicato-radiata, basi subtiliter striatula, fere laevigata, valde nitens, pallide olivacea; spira vix elevata, apice plano. Anfractus $4\frac{1}{2}$ convexiusculi, sutura profunda subcanaliculata discreti, ultimus ad peripheriam carina obtusula sed bene exserta carinatus, prope carinam linea profunde impressa usque ad anfractum antepenultimum producta cinctus, subtus convexior. Apertura parum obliqua, late securiformis; peristoma rectum, acutum, margine supero ab insertione paullum ascendente, tum bene curvato, columellari superne ad perforationem breviter reflexo.

Diam. maj. 25,5, alt. 12 mm; apert. lat. 15, alt. 9,75 mm.

Hab. inter vicos Ormoc et Jaro; leg. cl. J. Quadras.

Diese schöne Entdeckung meines Freundes Quadras schließt sich an *E. (Pareuplecta) excentrica* Pfr. von Siquijor und *marginata* m. von Cebu an, ist aber durch den zwar deutlich abgesetzten, jedoch rundlichen Kiel, die gewölbteren Windungen und besonders durch die eigentümliche vertiefte Linie, welche oberhalb des Kiels verläuft, sehr verschieden. Die Gruppe, welche ich als Übergang von *Euplecta* zu *Macrochlamys* betrachte, scheint noch weiter verbreitet zu sein als ich bisher angenommen habe; ich rechne zu ihr außer den bereits erwähnten Arten noch *E. carinaria* m. von Luzon, *crebristriata* Semp. von Mindanao und *angulata* m. (antea *Macrochlamys*) von den Suluinseln.

11. *Euplecta kochiana* n. sp. (Taf. III, Fig. 3, 3a, 3b).

T. imperforata, convexo-depressa, acute carinata, tenuis, pellucida, nitens, corneo-albida; spira gradato-conoidea lateribus convexis. Anfr. $6\frac{1}{2}$ lente accrescentes, convexiusculi, superne confertim costulati, juxta carinam lineis 2 elevatis approximatis et tertia paullum remota cincti, ultimus basi convexior, minute striatulus et lineis spiralibus minutissimis decussatus, valde nitens, medio paullum impressus. Apertura fere verticalis, angulate lunaris; peristoma simplex, acutum, margine basali sigmoideo-curvato, columellari paullum incrassato et reflexo.

Diam. max. 8, alt. 4¹₂ mm.

Euplecta kochiana v. Mlldff., N. B. D. M. G. 1890 p. 199.

var. *major* n. Diam. 10, alt. 5 mm, spira magis depressa.

Hab. ad vicum Maasin, comm. cl. O. Koch, var. ad vicum Macrohon leg. cl. J. Quadras.

Durch die geringere Größe, die feinere Rippenstreifung, die treppenartig abgesetzten Windungen und den dreifachen statt doppelten Kiel von den nächstverwandten *E. boholensis* und *cebuensis* verschieden. Die Varietät von Macrohon ist nur größer und etwas flacher, aber sonst nicht abweichend.

Hidalgo stellt (Obras 1890 p. 85) meine *E. cebuensis* einfach als Synonym zu *boholensis;* da er letztere ebenso wie ich nur nach der Beschreibung und Abbildung vergleichen kann, ist die völlige Ignorierung der von mir hervorgehobenen Unterschiede, welche die Cebu-Rasse mindestens als besondere Varietät kennzeichnen, gelinde gesagt voreilig. Wenn Pfeiffer's Abbildung genau ist, möchte ich zunächst die Artgültigkeit der von mir benannten Form noch aufrecht erhalten.

12. *Euplecta reyesi* Hidalgo var. *leytensis* n.

Differt a typo ex insula Mindanao testa majore, magis depressa, umbilico paullo magis aperto, carina magis exserta.

Diam. 8, alt. 4.5 mm.

Hab. ad vicos Tigbao (Tacloban), Hinayangang, Mabuyoc (Baybay), Tubasan (Inopacan) et in monte Bontoc insulae Leyte, leg. cl. J. Quadras.

Diese schöne *Euplecta* schließt sich der von Hidalgo (Obras p. 86) beschriebenen Art von Nordost-Mindanao als Varietät an. Größe und Höhe wechseln etwas nach den Fundorten, aber durchschnittlich ist die Leyte-Form verhältnismäßig flacher bei etwas größerem Durchmesser.

Sect. *Coneuplecta* n.

T. aut anguste aut semiobtecte perforata, conoidea vel trochiformis, hyalina, ad peripheriam magis minusve angulata vel carinata, subtus glabra, superne striatula.

typ. *Euplecta scalarina* Pfr.

Syn. *Trochonanina* Mousson, autt. (ex parte).

Lange habe ich geschwankt, wo ich eine Anzahl konischer, glasheller Naniniden unterbringen sollte, welche auch von anderer Seite zu sehr verschiedenen Gattungen gestellt worden sind. Wegen des Kiels und der etwas verschiedenen Skulptur der Ober- und Unterseite hatte ich eine derselben, *E. confusa* m. von Cebu, schon zu *Euplecta* gerechnet, dagegen eine andere, die ich jetzt zu derselben Gruppe ziehe, als *Kaliella luzonica* beschrieben. Semper hat die letztere Art, welche er schon lange vor mir publiziert hatte, auffallenderweise zu *Vitrinoconus* (*V. turritus* Semp.) gestellt, eine andere, *scalarina* Pfr., sowohl als *Microcystis* (Phil. p. 46) als auch als *Vitrinoconus* (p. 93) aufgeführt. Mit letzterer Gattung haben unsere Formen allenfalls nur die konische Gestalt gemeinsam, die aber gar nicht Gattungscharakter ist, wie die flachen Arten *V. orthostoma*, *suturalis*, *discoideus*, *glaber* beweisen. Dagegen fehlt einerseits der offene Nabel, andererseits beweist der umgeschlagene Kolumellarrand deutlich die Zugehörigkeit zu den Naniniden, die ich bei *E. confusa* und *turrita* auch an den Weichteilen feststellen konnte. Schwieriger ist die Abgrenzung gegen *Kaliella* und *Sitala*; zu ersterer Gattung, von der so große Arten noch nicht bekannt sind, rechne ich nur stärker senkrecht gestreifte, daher stets matte Formen mit nicht oder schwach glänzender Unterseite. *Sitala* dagegen weist stets deutliche Spirallinien oder -kiele auf. Allerdings dürften *Kaliella*, *Sitala*, *Coneuplecta* und *Euplecta*, falls nicht erhebliche anatomische Unterschiede nachgewiesen werden, näher zusammengehören und vielleicht nicht als Gattungen, sondern nur als Sektionen einer Gattung aufgefaßt werden müssen.

Zu *Coneuplecta* rechne ich von den Philippinen *E. scalarina* Pfr., *confusa* m., *rotundata* Semp. und *turrita* Semp., ferner einige Arten der Südsee, welche gewöhnlich als *Trochonanina* aufgeführt werden, wie *tonguana* Quoy, *schmeltziana* Mouss. u. a. m. *Trochonanina* Mousson schließt eine Reihe von Arten ein, welche nach heutiger Auffassung zu sehr verschiedenen Gattungen gehören, nämlich *Martensia* Semp., *Trochozonites* Pfeff., *Rotula*, die Gruppe der *Tr. conicoides* Metc., *conus* Phil. etc. und die

5

erwähnten *Coneuplecta*-Arten. Leider macht er keinen Typus namhaft, sodaß sein Name schwerlich auf einzelne Bestandteile der sehr gemischten Gruppe fixiert werden kann. Pfeffer hat den Namen nur auf die Südsee-Arten, *radians* und *schnelliana*, angewandt, sodaß seine *Trochonanina* - *Coneuplecta* m. ist. Gewöhnlich wird indessen der Name *Trochonanina* jetzt auf die braunen *Trochomorpha*-ähnlichen Naniniden des malayischen Archipels (typ. *Tr. conicoides* Mete.) bezogen und sollte, wenn überhaupt, für diese beibehalten werden. Da aber Mousson's Gattung ohne Typus nur nach der allgemeinen Gestalt aufgestellt ist und unzusammengehörige Arten enthält, so ist es wohl besser den Namen ganz zu unterdrücken und, wie ich es für die glashellen Arten gethan habe, auch für die braunen, matten vom Typus der *conicoides* einen neuen Namen zu schaffen.

13. *Euplecta (Coneuplecta) scalarina* (Pfr.).

Helix gradata Pfeiffer, Mon. Hel. I p. 38; *H. scalarina* Pfr. ibid. III p. 41; Reeve, Conch. Ic. t. 37 f. 165. *Nanina (Euplecta) scalarina* Hidalgo, Obras p. 88, 107 (ex parte).

Leyte (Cuming), Maasin (Koch), Alangaiang und Campagal bei Jaro (Quadras).

Die Fundorte, welche Semper für diese Art anführt: Insel Camiguin nördlich von Luzon, Puncian in Nord- und Mariveles in Mittel-Luzon lasse ich zunächst beiseite, da es nicht ganz sicher ist, ob Semper, welcher den Typus von Leyte nicht kannte, die Pfeiffer'sche Art richtig erkannt hat, und wir bisher eine Form aus dieser Gruppe von jenen Fundorten nicht erhalten haben. Dagegen gehören Hidalgo's Fundortsangaben für diese Art fast sämtlich zu *E. (Coneuplecta) confusa* m., ganz besonders die von Negros, von wo Pfeiffer grade *H. longana* angiebt. Wie ich früher (J. D. M. G. XIV p. 264) auseinandergesetzt habe, identifizierte Pfeiffer irrtümlich eine *Coneuplecta* von Negros mit *Helix longana* Quoy; diese fälschliche *H. longana* glaubte ich in einer Art von Cebu wiederzuerkennen und benannte sie neu als *confusa*. Quadras' Wiederauffinden der von Cuming auf Negros entdeckten Art hat meine Vermutung vollauf bestätigt: Die Negros-Exemplare sind mit denen von Cebu ganz identisch und stimmen auch vortrefflich zu Pfeiffers Diagnose von *H. longana*. Trotzdem bestimmt sie Hidalgo als *scalarina* und nimmt an. daß meine *confusa* eine Lokalform auf Cebu sei. während an anderen Punkten derselben Insel. von wo ihm Quadras *E. confusa* schickte. und auf Negros die Leyte - Art *E. scalarina* lebe! Ein Beweis. wie treffend mein Artname leider ist. da hierdurch die Konfusion noch größer geworden ist. Hidalgo stößt sich an den Ausdrücken „plicato - striata" und „subglabrata". Der erstere ist allerdings etwas irreführend, und in der Abbildung ist die Streifung viel zu stark markiert: ich hätte „subtiliter plicato-striata" sagen sollen. Die Bezeichnung „subtus subglabrata". die schon Pfeiffer gebraucht. bezieht sich nicht auf den Mangel an Spirallinien. welche bei *scalarina* und *confusa* gleichmäßig vorhanden sind. sondern darauf. daß die vertikale Streifung auf der Unterseite nahezu verschwindet. Die Unterschiede zwischen *scalarina* und *confusa* liegen keineswegs in der Skulptur. *E. scalarina* hat einen Umgang mehr — Pfeiffer beschreibt sichtlich ein junges Exemplar. da er nur sechs Windungen und 5 mm diam. angiebt: die unsrigen von Leyte haben bis 7 mm und 7 Windungen —. ein höheres Gewinde. welches wegen der etwas stärkeren Wölbung der Umgänge und der tieferen Naht den Ausdruck „gradata" bei Pfeiffer rechtfertigt und regelmäßig konisch mit graden Seiten ist. während das von *E. confusa* etwas konvexe Seiten zeigt. etwas weniger scharfe Kantung und unten stärkere Wölbung des letzten Umgangs. In allen diesen Punkten stimmen die Stücke von Negros zu *confusa*. nicht zu *scalarina*.

Was die übrigen Fundorte anbelangt, so hat Quadras bei Suvigao ebenfalls nur *E. confusa* gesammelt. Von Marinduque sah ich in seiner Sammlung drei Stück. sichtlich zu zwei Arten gehörig. aber alle nicht erwachsen. Die eine scheint in der That eine junge *E. scalarina* zu sein, die andern beiden aber gehören einer weiteren bedeutend größeren Art an. Von Bislig auf Mindanao erhielt ich durch Koch eine *Conemplecta*, die ich wie Semper zu *E. scalarina* rechne. aber wegen der höheren Spira bei schmälerer Basis als var. *pyramidata* besonders benenne.

Es wäre schließlich nicht viel dagegen einzuwenden. wenn auch *confusa* m. als Varietät zu *scalarina* gezogen würde: aber besondere Namen müssen solche gut geschiedene Lokalrassen unbedingt haben. und solange die Bezeichnung Varietät noch immer. wie namentlich bei Hidalgo. für individuelle Abänderungen.

namentlich in Färbung und Zeichnung. Verwendung findet, ziehe ich es vor sie wie Pfeiffer als Arten zu behandeln. Namentlich fehlt aber auch noch genügendes Material zur Beurteilung der geographischen Verbreitung der einzelnen Rassen, wodurch allein ein sicheres Urteil über die Artgültigkeit gewonnen werden kann.

14. *Sitala lincolata* v. Mlldff.

v. Mlldff., N. Bl. D. M. G. 1891 p. 39 = *S. philippinarum* var. *minor* v. Mlldff., J. D. M. G. XIV p. 294; N. Bl. 1888 p. 66.

Macrohon: Biliran (Malitbog), Mabuyog (Baybay); Angay (Inopacan) (Quadras).

Sonst von Siquijor, sowie von Mittel-Luzon bekannt.

15. *Sitala philippinarum* v. Mlldff.

v. Mlldff., J. D. M. G. XIV p. 268, t. VIII f. 7—7b.

Macrohon (Quadras).

Cebu (ich).

16. *Kaliella pseudositala* v. Mlldff.

v. Mlldff., Mal. Bl. N. F. X p. 151, t. IV f. 12, 12a—b.

Bato, Matalon, Hinayangang, Patong bei Maasin, Tubasan bei Inopacan, Saob bei Cabalian (Quadras).

Cebu (Koch).

Die Stücke von Bato und Saob zeigen eine zahnartige Verdickung, mitunter einen deutlichen Zahn an der Columella.

17. *Kaliella transitans* n. sp. (Taf. III. Fig. 4, 4a—b).

T. rimata, turrito-conica, tenuis, pellucida, subtilissime striatula, non decussata, subnitens, lutescenti-hyalina; spira subregulariter conica. Anfr. 6, convexiusculi, ultimus ad peripheriam carinula filiformi cinctus, basi bene convexus, medio pallidior. Apertura sat obliqua, late elliptica, sat excisa; peristoma rectum, acutum, margine columellari superne brevissime reflexo, medio calloso-subdentato.

Diam. 3, alt. 3,25 mm.

Hab. ad vicum Campagal insulae Leyte leg. cl. J. Quadras.

Der Glanz ist stärker als bei *Kaliella* üblich, wodurch die kleine Form etwas an *Conuplecta* erinnert, aber sonst steht sie *K. pseudositala* m. nahe. Sie unterscheidet sich durch die etwas breitere Basis, den nicht gewinkelten letzten Umgang — der Kiel sitzt wie ein Fädchen auf — und infolgedessen die gerundete Mündung.

18. *Kaliella tenuisculpta* n. sp.

T. anguste et semiobtecte perforata, conoideo-globosa, tenuis, subpellucida, subtilissime et densissime striatula, paullum sericina, corneo-fulva; spira sat elevata lateribus vix convexiusculis. Anfr. 6 sat convexi, lente accrescentes, sutura filari discreti, ultimus ad peripheriam subangulatus, basi sublaevigatus, lineis spiralibus microscopicis decussatus, bene convexus. Apertura valde obliqua, late elliptica, sat excisa; peristoma rectum, acutum margine columellari superne breviter revoluto.

Diam. maj. 3,75, alt. 3,25 mm.

Kaliella luzonica Hidalgo, Obras p. 90 (non v. Mlldff.).

Luzon: Peña Blanca (Cagayan) (Hennig), Montalban bei Manila und Manila (ich).

Catanduanes (Quadras), Marinduque (einheimische Sammler).

Leyte: Maasin, Inopacan, Macrohon (Quadras).

Von *K. doliolum* Pfr. durch viel feinere Streifung, Seidenglanz, etwas höheres Gewinde, deutlichere Kantung und unten stärkere Wölbung des letzten Umgangs verschieden. Wie Hidalgo dazu gekommen ist, diese in der Nähe meines Hauses in der Vorstadt Tanduay gesammelte Art für die fast glatte, glänzende *Kaliella luzonica* m. (olim. *Conuplecta turrita* Semp.) zu nehmen, ist mir unbegreiflich; vielleicht hat sie ihm Quadras unter diesem Namen geschickt, doch hätte ihn ein Blick auf die Diagnose eines Besseren belehren können.

19. *Kaliella pusilla* v. Mlldff.

v. Mlldff., N. B. D. M. G. 1888 p. 81.

Palompon auf Leyte (Koch). Von Mittel-Luzon, Catanduanes und Cebu bekannt.

Wenn Hidalgo (Obras p. 90) die Vermutung ausspricht, daß diese Art auf junge Stücke von *K. pseudositala* m. gegründet sei, so ist mir das nur dadurch erklärlich, daß er die echte *K. pseudositala* nicht gekannt hat, und ihm entweder keine ausgewachsenen Stücken von *K. pusilla* vorgelegen haben oder

Freund Quadras eine Verwechslung passiert ist. Meine Exemplare von *K. pusilla* sind zweifellos erwachsen, haben mit *pseudositala* gar keine Ähnlichkeit und auch sonst zu keiner philippinischen Art nähere Beziehungen.

20. *Lamprocystis pseudosuccinea* n. sp.

T. anguste et semiobtecte perforata, conoideo-depressa, tenuis, pellucida, subtilissime striatula et lineis spiralibus microscopicis decussata, valde nitens, luteo-cornea; spira conoidea lateribus fere strictis, apice acuto. Anfr. $5\frac{1}{2}$ vix convexiusculi, sutura appressa, marginata discreti, ultimus a lateribus subcompressus, supra peripheriam interdum confuse angulatus, basi bene convexus. Apertura parum obliqua, rotundato-elliptica, valde excisa; peristoma simplex, acutum, columella superne callosa, quadrangulari-reflexa, paullum revoluta.

Diam. maj. 9,5, alt. 6,2; apert. lat. 5,5, long. 4,25, alt. 3,75 mm.

Microcystis succinea Semper, Phil. p. 44; v. Möllendorff, J. D. M. G. XIV p. 264. — *Lamprocystis succinea* v. Mlldff., Jahresber. Senckenb. 1890 p. 205 (nec *Helix succinea* Pfr.). — *Nanina (Lamprocystis) goniogyra* Hidalgo, Obras p. 94, 109 (ex parte, non v. Mlldff.).

Hab. in insulis Cebu, Negros, Leyte, Mindanao.

var. *commutata* v. Mlldff. Differt testa minore, paullo magis depressa, anfr. 5, columella minus callosa.

Microcystis glaberrima v. Mlldff., J. D. M. G. XIV p. 83, 294 (non Semper); *Lamprocystis glaberrima* v. Mlldff., N. Bl. 1889 p. 100. — *Nanina goniogyra* Hidalgo l. c. p. 94 (ex parte, non v. Mlldff.).

Hab. in insulis Luzon, Marinduque, Romblon, Tablas, Sibuyan, Catanduanes.

Die hier besprochene Art ist von mir selbst und mehreren anderen Autoren, sowie auch von Hidalgo mehrfach verkannt und verwechselt worden. Ich nahm (wie Semper und, wie ich von Hungerford weiß, auch G. Nevill) die größere, namentlich auf Cebu häufige Form für *H. succinea* Pfr., deren kurze Beschreibung und sehr schematische Abbildung diese Deutung allenfalls zulassen, und die kleinere hauptsächlich auf Luzon verbreitete Varietät für *Microcystis glaberrima* Semp. Das letztere war ein arger Mißgriff; sie hat mit dieser Art nichts zu thun, dieselbe gehört vielmehr zum Formenkreis von *Lamprocystis lucidella* Pfr., mit der sie die rotbraune Farbe teilt, und von der sie sich durch $1\frac{1}{2}$ Windungen mehr und gänzlichen Mangel des Nabels unterscheidet. Was ich für *glaberrima* hielt, ist zweifellos eine nahe Verwandte der Cebu-Art, zu der ich sie jetzt als Varietät stelle. Hidalgo macht nun neuerdings geltend, daß die echte *H. succinea* Pfr. von Südost-Luzon sehr verschieden von der ist, welche wir, auch Hidalgo selbst, bisher für sie genommen hatten. Sie hat eine lebhafte hochgelbe Farbe und nur fünf, viel rascher zunehmende Windungen bei 10 mm Durchmesser. Quadras hat sie von Sorsogon, also aus derselben Provinz, wo sie Cuming entdeckte, und wenn Hidalgo, wie es mir scheint, Recht hat, so ist *H. succinea* gar keine *Lamprocystis*, sondern eine *Macrochlamys* aus der Gruppe von *M. ceratodes* Pfr., nahe verwandt mit *M. kochiana* m. von Cebu. Wenn damit Hidalgo das Verdienst zukommt, die Pfeiffer'sche Art richtig erkannt zu haben, so hat er auf der anderen Seite eine heillose Verwirrung dadurch angerichtet, daß er sowohl die früher für *succinea* angesehenen als auch alle einigermaßen ähnlichen philippinischen *Lamprocystis*-Arten mit meiner *L. goniogyra* zusammenwirft. Die echte *L. goniogyra*, die ich bis jetzt nur von der Insel Siquijor kenne, ist von der oben diagnosticierten *L. pseudosuccinea* scharf geschieden durch 1) einen Umgang mehr bei geringerer Größe, 2) die viel engeren, langsamer zunehmenden Windungen, 3) die Kante der letzten, 4) den freien Lappen des Spindelrandes, der zahnartig in den Nabelstich hineinreicht, und 5) den Wirbel. Die Bildung des Spindelrandes ist nicht „zufällig" (accidental), wie Hidalgo meint, sondern im Gegenteil ganz konstant. Die Umbiegung oben an der Columelle fehlt auch bei *pseudosuccinea* nicht, doch ist sie nicht so kräftig entwickelt und von einem in den Nabel ragenden Lappen nicht zu sprechen. Aber abgesehen von diesem mehr graduellen Unterschiede, und ohne großes Gewicht auf die Kante zu legen, zu der eine Andeutung auch bei *pseudosuccinea* vorhanden ist, schließt die viel engere Aufwindung der kleineren *L. goniogyra* die Vereinigung beider von vornherein aus.

Die Varietät *commutata* unterscheidet sich durch geringere Größe, eine halbe Windung weniger, etwas niedrigeres Gewinde und schwächere Knötchenbildung an der Spindel. Die Form von Leyte, welche mir Koch von Palompon, Maasin und Bato mitteilte und Quadras außerdem bei Tacloban, Jaro, Inopacan,

Baybay, kurz auf der ganzen Insel sammelte, ist im allgemeinen kleiner als der Typus von Cebu, schließt sich aber doch mehr diesem als der var. *commutata* an. Nicht selten sind mehr rötlichbraun gefärbte Formen.

21. *Lamprocystis gemmula* v. Mlldff.

v. Mlldff., J. D. M. G. XIV p. 267. t. VIII f. 5, 5b; Jahresb. Senckenb. 1890 p. 207.

Palompon, Maasin (Koch), Malitbog, Palo, Inopacan, Macrohon, Mabuyoc, Cabalian etc. (Quadras). Insel Limansaua (Quadras).

Cebu, Luzon.

22. *Lamprocystis imitatrix* v. Mlldff. var. *stenostoma* n.

Tubasan bei Inopacan (Quadras).

Wie die Stammart von Cebu hat diese Form, obwohl kleiner als die vorige, 6 Windungen: die letzte ist deutlicher gewinkelt als beim Typus, auch verhältnismäßig niedriger, daher die Mündung sehr eng und im Verhältnis breiter.

23. *Lamprocystis appendiculata* n. sp. (Taf. III, Fig. 5, 5a b).

T. obtecte perforata, depresso-conoidea, subtiliter striatula, nitens, rufo-cornea: spira sat elevata lateribus convexis. Anfr. 5 convexiusculi, sutura submarginata discreti, ultimus ad peripheriam subangulatus, basi planulatus. Apert. parum obliqua, exciso-elliptica: peristoma rectum, acutum, margo columellaris superne reflexus, subcanaliculatus, processu libero linguiformi perforationem obtegens.

Diam. 3,5, alt. 2 mm.

Hab. prope vicum Angay insulae Leyte, leg. cl. J. Quadras.

Nach Gestalt, Größe und Farbe schließt sich diese Minutie den vorigen an: die Höhe des Gewindes erinnert etwas an die folgende, aber die eigentümliche Spindelbildung, eine extreme Entwickelung der bei vielen *Lamprocystis*-Arten angedeuteten Verlängerung des umgeschlagenen Zipfels, kennzeichnet sie als gut geschiedene eigene Art.

24. *Lamprocystis semiglobulus* v. Mlldff.

v. Mlldff., J. D. M. G. XIV p. 304.

Maasin (Koch). Von Mittel-Luzon beschrieben.

25. *Lamprocystis subcrystallina* n. sp. (Taf. III, Fig. 6, 6a—c).

T. minute sed distincte perforata, convexo-depressa, laevigata, pellucida, alba; spira brevissime convexo-conoidea apice plano. Anfr. 4½ planiusculi, lente accrescentes, sutura subappressa, submarginata discreti, ultimus basi convexior. Apertura sat obliqua, exciso-elliptica; peristoma rectum, acutum margine columellari brevissime reflexo.

Diam. maj. 2,1, alt. 1,1 mm.

Hab. ad vicum Hinayangang insulae Leyte nec non in insula Limansaua, leg. cl. J. Quadras.

Von *L. crystallina* m. (Cebu, Siquijor) durch die geringere Größe, dabei höheres Gewinde, nicht seitlich zusammengedrückten letzten Umgang verschieden; bei *L. crystallina* ist das Gewinde nur in der Mitte erhoben und hat daher fast konkave Seiten, bei *subcrystallina* sind dieselben etwas konvex.

26. *Hemiglypta semiglobosa* (Pfr.).

Vergl. meine Revision der *Hemiglypta*-Arten (Mat. Faun. Phil. X in N. Bl. 1893 p. 19).

Über die ganze Insel verbreitet, außerdem auf Samar, Bohol, Siargao und Mindanao vorkommend.

Fam. **Trochomorphidae.**

27. *Trochomorpha (Videna) metcalfei* (Pfr.) ex rec. v. Mlldff.

v. Mlldff., Jahresb. Senckenb. 1890 p. 210.

Südwest-Leyte (Koch). — Cebu, Siquijor, Camotes, Bohol.

Die neueste Bearbeitung dieser Gruppe durch Hidalgo (Obras p. 112) ist nicht glücklich ausgefallen. Daß er immer noch von „kleinen“ Unterschieden mehr individueller Art, Übergängen etc. spricht und in seiner *Tr. metcalfei* eine Reihe von verschiedenen Arten vereinigt, hat mich auf die Vermutung geführt, daß er typische *Tr. metcalfei* Pfr. überhaupt noch nicht kennt. Dies wird mir dadurch bestätigt, daß Quadras die echte Art niemals gesammelt hat und sie in seiner Sammlung nur von mir besitzt. Alles was ihm Hidalgo als *Tr. metcalfei* typ. bestimmt hat, sind große Formen von *Tr. repanda* m.! Hierdurch erklärt sich freilich die Hartnäckigkeit, mit der er die Artgültigkeit dieser Form neben *metcalfei* bestreitet, aber allerdings muß er dann meine Bemerkungen nicht gelesen oder nicht verstanden haben. Wenn man die sehr gut geschiedenen Lokalrassen durchaus kombinieren will, so fallen Hidalgo's eigene Arten *sibuyanica* und *quadrasi* sicherlich zuerst zum Opfer: sie würden mit der echten *metcalfei* Pfr. eine Art bilden. Was er var. *e bobolensis* nennt, ist wieder nicht die Semper'sche Art, mit der er schon einmal Unglück gehabt hat, sondern *Tr. boettgeri* m. (N. B. D. M. G. 1890 p. 201) von Tablas und Romblon. Wenn dieselbe nicht Artgültigkeit haben soll, so kann sie nur an *Tr. sibuyanica* Hid. angeschlossen werden. Zwischen dieser Gruppe der mit vorgezogenem und gebuchtetem oberen Mundsaum versehenen Arten und der *repanda*-Gruppe sind mir niemals Übergänge vorgekommen. Will man, was meiner Ansicht nach voreilig wäre, die beiden Formenkreise nur als zwei Arten behandeln, so ergäbe sich

Tr. metcalfei Pfr.

var. *sibuyanica* Hid.

var. *boettgeri* v. Mlldff.

var. *quadrasi* Hid. (*stenogyra* v. M.)

Tr. repanda v. Mlldff.

Was die unter var. f und h bei Hidalgo aufgeführten einfarbigen Formen anbelangt, so sind darin ebenfalls mehrere Arten vermengt, doch würde es mich hier zu weit führen, die einzelnen Formen zu besprechen.

28. *Trochomorpha (Videna) repanda* v. Mlldff.

v. Mlldff., Jahresb. Senckenb. 1890 p. 211.

Berg Bontoc bei Hindang, Inopacan, Baybay, Cabalian (Quadras). — Über den ganzen Archipel verbreitet.

29. *Trochomorpha (Videna) sericina* n. sp. (Taf. III, Fig. 7, 7a—c).

T. aperte umbilicata, umbilico ¼ baseos adaequante, convexo-depressa, tenuis, sericina, fulvescenti-cornea, acute carinata, carina albescente; spira convexo-conoidea. Anfractus 6 lente accrescentes, convexiusculi, distincte confertim striatuli, lineis spiralibus minutis sed distinctis decussati, sutura sat impressa marginata disjuncti, ultimus basi inflatulus, circa umbilicum rotundato-angulatus. Apertura sat obliqua, trapezoidea; peristoma simplex, acutum, margo superus paullum, inferus angulo confuso bene curvatus.

Diam. maj. 15, alt. 5,5 mm.

Hab. ad vicos Tacloban, Campagal, Camanaugao, Angay, Alangalang, Magonbagon insulae Leyte, leg. cl. J. Quadras.

Durch den breiten Nabel, die Form der Mündung, die gleichmäßige horngelbe Farbe und den Seidenglanz von *Tr. repanda* gut verschieden. In der Gestalt und Nabelweite tritt sie näher an *Tr. splendens* Semp. von Cebu heran, ist aber durch die deutlichen Spirallinien, welche bei jener gänzlich fehlen, Seiden- statt Fettglanz, etwas höheres Gewinde und den helleren, fast weißen Kiel ebenfalls genügend abweichend, um sie als eigene Rasse zu betrachten, welche den Formenkreis von *Tr. repanda* mit dem von *Tr. splendens* verknüpft.

30. *Trochomorpha (Videna) splendidula* v. Mlldff.

v. Mlldff., Jahresb. Senckenb. 1890 p. 214, t. VIII, f. 2.

var. *carinaria* n. Differt a typo cebuano t. minore, anfractibus lentissime accrescentibus, sutura marginata, carina utrimque magis compressa, apertura pro altitudine minus ampla.

Diam. 11, alt. $3^1/_2$; apert. lat. $4^1/_2$, alt. $2^3/_4$ mm.

Maasin (Koch), Biliran bei Malitbog, Tubasan und Angay bei Inopacan, Pacbanganan bei Baybay (Quadras).

Hidalgo — mit dem ich mich öfter auseinandersetzen muß, als mir lieb ist, dessen souveränes Absprechen über viele der von mir publizierten Arten ich aber nicht mit Stillschweigen übergehen kann — stellt *Tr. splendidula* m. glatt zu *splendens* Semp., ohne sie auch nur als Varietät gelten zu lassen. Er giebt deshalb auch *splendens* von Negros an, wo Quadras nur *splendidula* gesammelt hat. Ich kann nur annehmen, daß Hidalgo die echte *splendens* noch nicht gesehen hat und deshalb meine mit Boettger's Beihülfe und Zustimmung hervorgehobenen Unterschiede nicht versteht. Er würde sonst auch nicht an dem unbegreiflichen Mißgriff, *Tr. luteobrunnea* m. von der Insel Sibuyan als *splendens* zu bestimmen, noch immer festhalten. Hierbei teilt er uns mit (Obras p. 116), daß engerer Nabel,

Farbe, Glanz, gleiche Zahl der Windungen bei geringerer Größe, Spiralskulptur etc. keinen spezifischen Wert haben (todo esto no tiene valor específico alguno). Wodurch er dann seine eigenen Arten, z. B. *Tr. lowensis* Hid., unterscheiden will, ist mir rätselhaft. Die engere oder weitere Aufwindung und die damit in Verbindung stehende Nabelweite sind von allen Merkmalen die konstantesten und daher von großem spezifischem Werte. *Tr. lowensis* unterscheidet sich von *Tr. luteobrunnea* m. absolut nur durch weiteren Nabel und flacheres Gewinde! Logischerweise müßte Hidalgo also auch sie mit *splendens* vereinigen.

31. *Obbina marginata* (Müll.) var. *pallescens* n.

T. minore, pallidiore, apice haud brunneo, taeniis perangustis. Diam. 20 mm.

Maasin (Quadras).

Sehr erheblich kleiner als der Typus, auch die Größe der var. *griseola* m. von Cebu nicht erreichend; eine ähnliche kleine Form (var. *nana* m.) fand Quadras in Nordost-Mindanao. Die Form von Leyte ist aber weiter abweichend durch die hellere Farbe, die sehr feinen, aber dabei scharf gezeichneten Binden und die gleichfarbigen Apicalwindungen, welche bei allen anderen Formen von *O. marginata* braungefärbt sind.

32. *Obbina bigonia* (Fér.).

Bato, Maasin (Koch), Tubasan bei Inopacan (Quadras).

Eine ziemlich scharf gekantete Form (v. *carinata* m.) bei Camanangae (Quadras).

Diese im Süden des Archipels weit verbreitete Art steht trotz der kugeligen, oft konisch erhobenen Gestalt in nächster Beziehung zu der vorigen Art, mit welcher sie Färbung und Zeichnung teilt; die erwähnte gekantete Varietät ließe sich als Übergang auffassen. Ich besitze *O. bigonia* von Samar, Leyte, Bohol, Siargao und zahlreichen Fundorten auf Mindanao. Von Dr. Staudinger erhielt ich als *O. mindanaensis* Dohrn, anscheinend noch nicht publiziert, eine *bigonia*, welche ich schon durch Roebelen von Davao, Südost-Mindanao, besaß, und welche sich vom Typus nur durch bedeutendere Größe und kugelige Gestalt unterscheidet.

33. *Obbina moricandi* (Sow.).

Macrohon (Quadras). Von Catong bei Macrohon brachte Quadras eine hübsche Form, bei welcher die Binden teils auf beiden Seiten, teils nur oben verschwunden oder ganz undeutlich sind, und welche statt dessen radiäre braune Striemen aufweist: var. *radiata* m.

Die Art findet sich sonst auf Mindanao, Dinagat, Siargao und Bohol.

33. *Obbina scrobiculata* (Pfr.).

Tagbag an der Südspitze von Leyte. Insel Panaon. Canlusay bei Macrohon (Quadras).

var. *conoidalis* n. Spira magis elevata, interdum valde conica.

Insel Timobo bei Leyte (Koch).

Helix scrobiculata Pfr. ist schwerlich eine gute Art, sondern eine Übergangsform zwischen *rota* und *moricandi*. Von der ersteren unterscheidet sie sich hauptsächlich durch abgeschwächte Skulptur, weniger oder kaum gelappten Kiel, meist höheres Gewinde. Von Inabanga auf Bohol konnte ich eine große Zahl von Exemplaren beider Arten durchmustern und fand alle Abstufungen von typischer *O. rota* bis zur ausgesprochenen *O. scrobiculata*. Aber die Übergangsreihe geht noch weiter: durch allmähliches Verschwinden der Rippenstreifung. Verblassen der Grundfarbe zu reinem Weiß, Abschwächung des Kieles bis zu gänzlichem Verschwinden desselben langen wir bei echter *O. moricandi* Sow. an, die an gleichem Fundorte lebt. Bei einzelnen Stücken ist es schlechterdings unmöglich zu sagen, ob sie als *O. moricandi* f. *subcarinata* oder als *O. scrobiculata* f. *subcarinata* aufzufassen sind. Dabei ist zu bemerken, daß die sich an *scrobiculata* anschließenden Mittelglieder bei weitem zahlreicher waren, als die beiden extremen Formen *rota* und *moricandi*. Ein solches Zusammenleben ist mir bis jetzt von anderen Fundorten nicht bekannt: auf Siargao und Mindanao lebt *O. moricandi* allein, auf Siquijor und Cebu fand sich nur *O. rota*, auf den Camotes nur *scrobiculata* und auf der kleinen Insel Timobo nur die oben erwähnte Varietät der letzteren. Ich habe deshalb bei den wunderbaren Übergangsformen auf Bohol an Bastardierung gedacht, was freilich nach dem Stand unserer

Kenntnisse zunächst eine unbeweisbare Hypothese ist. Wenn ich der bisherigen Auffassung, *O. scrobiculata* als eigene Art zu behandeln, zunächst noch folge, so geschieht dies in erster Linie deshalb, weil zur vollen endgültigen Beurteilung der Frage unser Material noch nicht ausreicht.

Was die auf Leyte und Umgegend lebenden Formen anbelangt, so sind die von der Insel Panaon besonders klein, aber sonst typisch: die von Tagbag sehr hell in der Farbe, schwach gestreift, aber scharf gekielt; sie ließen sich auch als gekielte Abänderung von *O. moricandi* auffassen. Die Stücke von Canlusay sind dunkler, haben eine braune Kielbinde und schließen sich dadurch an *O. rota* an, von der sie aber durch die Skulptur, einfache, nicht Rippenstreifung abweichen. Die Varietät von Timobo endlich steht durch die Rippenstreifung *O. rota* näher, hat aber keinen gelappten Kiel, und das Gewinde ist stets konisch erhoben, mitunter sehr stark.

35. *Obbina rota* (Brod.).

Bato, Palompon (Koch), Maasin (Koch, Quadras), Tubasan, Inopacan, Monte Bontoc (Quadras).

Sonst von Siquijor, Cebu, Bohol, Panglao, den Camotes und Mindanao bekannt. Die Semper'schen Fundorte Surigao, Limansaua, Macrohon auf Leyte gehören wahrscheinlich, wie er selbst schon andeutet (Phil. p. 123), zu *O. scrobiculata*.

36. *Obbina basidentata* (Pfr.).

Hidalgo, J. de Conch. 1888 t. V, f. 9.

Wenn ich die vorliegende Art nach Semper und Hidalgo als *basidentata* Pfr. bezeichne, so thue ich dies nicht ohne Bedenken, da in Pfeiffer's Diagnose manches nicht stimmt. Vor allem bezeichnet er die Farbe als weiß, während grade die gelbbraune Farbe unserer Art einer der Hauptunterschiede von *O. moricandi* ist: auch ist die Spira nicht „obtusa" zu nennen, sondern eher spitzer als bei *moricandi*, mit welcher sie Pfeiffer vergleicht. Aber mit diesem Vorbehalt bezüglich der Nomenklatur bin ich der Ansicht, daß sie neben *O. moricandi* als selbständige Art zu betrachten ist, wenn auch, wie Semper schon hervorhebt, schwachgekantete, gelbliche Formen von *moricandi* zu ihr hinüberleiten. Sie ist stets dunkler gefärbt, scharf gekielt, der Zahn kräftiger, stärker zusammengedrückt, die ihm entsprechende Grube hinter der Mündung länger und tiefer, die letzte Windung unten abgeflacht und an der Mündung stärker verbreitert, die letztere daher stärker nach rechts vorgezogen.

Ich kenne sie von Nord- und Ost-Mindanao; Semper giebt sie auch von Bohol und Panaon an, woher ich nur *O. scrobiculata* besitze. Auf Limansaua fand Quadras eine Varietät, die schon Semper erwähnt, ohne ihre nicht unerheblichen Unterschiede hervorzuheben. Sie ist bedeutend größer, bis 31.5 mm Durchmesser, lebhafter gefärbt, mitunter fast kastanienbraun, und häufig mehr oder weniger deutlich radiär gestriemt. Ich nenne sie var. *grandis* n.

Fam. **Patulidae.**

37. *Patula aperta* v. Mlldff.

v. Mlldff., N. B. D. M. G. 1888 p. 89.

SW-Leyte (Koch).

Mittel-Luzon, Busuanga.

38. *Endodonta philippinensis* Semp.

Angay, Hinayangan, Limansaua (Quadras), SW-Leyte (Koch).
Luzon, Catanduanes, Cebu, Siquijor, Mindanao.

Fam. **Hygromiidae.**

39. *Satsuma trochomorpha* v. Mlldff.

v. Mlldff., J. D. M. G. XIV p. 275, t. 8, f. 11—11b; Jahresb. Senckenb. 1890 p. 222.

var. *dimidiata* n. Differt testa minore, peristomate crassius labiato. Alt. 3.5, diam. 2.6 mm.

Maasin (Koch).

Den Typus kenne ich von Cebu, Surigao, Catanduanes, var. *minuta* m. von Siquijor, var. *dimidiata* m. auch von Siargao, wo sie Semper gesammelt hat. Die Art wird also noch auf anderen Inseln zu finden sein.

40. *Plectotropis visayana* v. Mlldff.

v. Mlldff., Jahresb. Senckenb. 1890 p. 222, t. 8, f. 9.

Maasin, Bato (Quadras).

Sonstiges Vorkommen: Bohol, Cebu, Negros, Guimaras,

41. *Pupisoma philippinicum* v. Mlldff.

v. Mlldff., N. B. D. M. G. 1888 p. 108; Jahresb. Senckenb. 1890 p. 223, t. 8, f. 4—4b.

Hinayangan (Quadras).

Luzon, Marinduque, Busuanga, Cebu, Mindanao.

Fam. **Helicidae**.

Die Bezeichnung der odontognathen Helices als Helicidae ist ein Notbehelf, so lange die sehr notwendige weitere Abzweigung von Familien oder Subfamilien nicht erfolgt ist.

42. *Eulota fodiens* (Pfr.).

Matalon, Bato, Inopacan (Quadras).

Über den ganzen Archipel verbreitet, wohl vielfach eingeführt. Ihre ursprüngliche Heimat vermute ich in Nord-Luzon.

43. *Chloritis leytensis* v. Mlldff. (Taf. III, Fig. 8, 8a—b).

v. Mlldff., N. B. D. M. G. 1890 p. 203.

Bato (Koch), Camanangal bei Palo, Mabuyoc und Tacbangauan bei Baybay, Angay bei Inopacan, Macrohon, Cogoncogon bei Tacloban (Quadras).

Hiernach über die ganze Insel verbreitet, aber überall selten und einzeln. Die Art ist nächstverwandt mit *Chl. quieta* Reeve von Mindanao, unterscheidet sich aber durch die mehr kugelige Gesamtform, das höhere Gewinde, tiefere Naht, $1/2$ Windung weniger, kürzere Haare, feinere Skulptur, engeren Nabel. Die von Quadras gesammelten Exemplare sind z. T. etwas größer als die, die mir bei der Beschreibung vorgelegen haben; das größte mißt diam. 19, alt. 13 mm.

44. *Chloritis spinosissima* Semp.

Semper, Phil. p. 234, t. IX, f. 10; *Helix boxalli* Sow., P. Z. S. 1888 p. 211, t. 11, f. 13.

Diese über Mindanao verbreitete Art fand Quadras auch auf Leyte, um Mabuyoc bei Baybay. Sie ist hier etwas kleiner, das Gewinde etwas höher, die Farbe dunkler, fast schwarzbraun, die Binde über der Peripherie breiter, hell, die Peripheriebinde schmäler, sonst ganz identisch.

Fam. **Cochlostylidae**.

Auffallend ist das Fehlen einer *Chloraea*, was die Insel mit Samar und Mindanao zu teilen scheint.

45. *Cochlostyla (Corasia) limansauensis* Semper.

Semper. Phil. p. 171. t. IX. f. 6. — Pilsbry in Tryon Man. Pulm. VII p. 126. t. 28. f. 25. 26.

Limansaua (Semper. Quadras).

Die reiche Suite dieser schönen Art, welche Quadras mitbrachte, weist folgende Farbenvarietäten auf:

1) einfarbig gelblichweiß, nur mit braunem Wirbel und zerfließender Binde bis zum Anfang des vorletzten Umganges;

2) wie 1, aber äußere Seite des Peristoms braun und dadurch die Lippe bräunlich durchschimmernd;

3) vom Wirbel bis Anfang der vorletzten Windung ganz schmale untere Suturalbinde, hinter der Mündung senkrechte bräunliche Zone, sonst gelblichweiß;

4) bräunliche Färbung hinter der Mündung etwas dunkler und weiter zurückreichend, mitunter Andeutung einer Peripheriebinde. Mundsaum etwas dunkler;

5) Perpheriebinde deutlich, sonst wie 4);

6) ganzer letzter Umgang bräunlich, letzte Hälfte dunkelbraun. Peripheriebinde sehr markiert. Mundsaum fast schwarz.

Abgesehen von geringen Größenunterschieden sind alle Exemplare sehr übereinstimmend, namentlich in dem raschen Zunehmen der Windungen und der Aufgeblasenheit der letzten. Die Farben- und Bänder-Spielarten sind denen von *C. maglanensis* Semp. ganz analog; mit dieser Form teilt unsere Art auch die papierdünne Schale. Beide gehören sicher zum Formenkreis von *C. intorta* Sow. und könnten bei einem sehr weiten Artbegriff als Varietäten zu ihr gestellt werden. Noch näher gehören sie aber unter sich zusammen, und es geht auf keinen Fall, *C. maglanensis* mit *samboanga* H. J., wie Hidalgo und nach ihm Pilsbry wollen, und *C. limansauensis* mit *intorta* zu vereinigen. Entweder muß dann auch *samboanga* als Varietät zu *intorta* gestellt werden, neben welcher *maglanensis* dann immer noch eine besondere Varietät bilden müßte, oder *samboanga* bildet mit var. *maglanensis* und var. *limansauensis* eine eigene

Art. Ich habe von *samboanga* nur einzelne Stücke gesehen und kann deshalb nicht mit Sicherheit entscheiden, glaube aber zunächst, daß sich alle drei als Arten neben *intorta* halten lassen.

Die ganze Reihe der ungekielten *Corasia*-Arten, wie *C. filaris* Val., *cydonxi* Hid. = *valenciennesi* autt., non Eyd.), *aeruginosa* Pfr. und *aegrota* Rve., bedarf sehr der kritischen Sichtung. Man könnte sie sämtlich so gut und so schlecht wie die obigen als Varietäten von *intorta* auffassen. Die schwierige Frage ist aber, wie so viele andere, nur geographisch zu lösen, und hierzu reicht mein Material immer noch nicht aus. Hidalgos und Pilsbrys Bearbeitungen der Gruppe haben uns noch wenig gefördert; der erstere namentlich unterscheidet nicht zwischen eigentlichen Varietäten, d. h. geographischen Rassen, welche nur noch nicht genügend differenziert sind, um als Arten zu gelten, und individuellen Abänderungen in Färbung, Zeichnung, Höhe des Gewindes u. s. w., welche mit dem Typus am gleichen Fundort zusammen vorkommen und kaum einen besonderen Namen verdienen. Beide nennt er Varietäten, was durchaus nicht zulässig ist und nur zu Verwirrung führen kann. Nimmt man die Bezeichnung „Varietas" für solche Spielarten an, was dem bisher, wenigstens in Deutschland, üblichen Brauch widersprechen würde, so muß für das, was wir Varietäten nennen, eine andere Bezeichnung eingeführt werden. Species, Subspecies und geographische Varietät sind nur verschiedene Grade desselben Begriffs, die sich nur quantitativ nach der Stärke der Differenzierung unterscheiden, und man könnte vielleicht die letzteren beiden zusammenfassen, indem man jede selbständige geographische Rasse, welche nicht genügend unterschieden ist, um als eigene Art aufgefaßt zu werden, Subspecies nennt. Man würde dann unter Varietas individuelle Abänderungen innerhalb derselben Rasse verstehen. Behält man aber umgekehrt die Bezeichnung Varietas, wie ich es entschieden vorziehe, für solche geographische Rassen, welche den Zusammenhang mit der Stammart noch deutlicher zeigen als die Subspecies, bei, so müssen die ersteren unbedingt anders bezeichnet werden. Früher war der Ausdruck Forma dafür gang und gäbe, doch setzen wir uns damit in Widerspruch zu den Paläontologen, welche neuerdings mit diesem Wort etwa das benennen, was wir Species zu nennen gewohnt

sind. Auch Mutatio ist von den Paläontologen vorwegge-
nommen, welche damit nicht eine individuelle Abänderung,
sondern die Weiterentwickelung einer Art (Forma), also eine
Art, deren phylogenetischer Zusammenhang mit einer geologisch
älteren nachweisbar ist, bezeichnen. Ich muß gestehen, daß ich
nicht recht einsehe, warum man nicht auch in der Paläonto-
logie bei dem Ausdruck Species bleiben will, da wir alle wissen,
daß wir mit der Bezeichnung „Art" heute nicht mehr dasselbe
meinen, wie vor der Annahme der Evolutionstheorie; wir würden
dann „Forma" für unsern Zweck verwenden können. Ich weiß wohl,
daß ich für unser deutsches Publikum mit diesem Exkurs offene
Thüren einstoße; doch hielt ich es für nötig, gegenüber den zahlreichen „Varietäten" philippinischer Arten, welche Hidalgo und
Pilsbry aufführen, und welche keine Varietäten in unserem Sinne
sind, meinen gegensätzlichen Standpunkt auseinanderzusetzen.

Um auf *C. intorta* zurückzukommen, so hat Hidalgo nicht
weniger als 9 „variedades" (l. c. p. 150): hiervon gehören
mehrere, z. B. No. 9, überhaupt nicht zu *intorta*, sondern zu
cydonai Hid.; die meisten andern sind Formae in meiner Auffassung, und nur No. 5 ist eine Varietät in meinem Sinne, nämlich var. *siquijorica* m. Umgekehrt glaube ich jetzt, daß meine
var. *expansilabris* und var. *tenuis* von Cebu zu *filaris* Val. gehören. Nach meiner jetzigen Erfahrung, welche, wie gesagt,
zu einer abschließenden Bearbeitung noch nicht ausreicht, sind
alle hierhergehörigen Rassen Repräsentativformen eines Typus,
welche auf den einzelnen Inseln durch Isolierung mehr oder
weniger abweichend entwickelt sind und teils Artcharakter
angenommen haben, teils noch als Varietäten der Stammart
anzusehen sind. Alle sind sie daher Mutationes im paläonto-
logischen Sinne, nur in verschiedenem Grade abweichend. In
diesem Sinne ist *C. aegrota* die „*intorta*" der Insel Mindoro,
C. cydonai ihre Vertreterin auf Panay und Guimaras, *filaris*
auf Cebu, *aeruginosa* auf Panglao, var. *siquijorica* auf Siquijor,
magtanensis auf Magtan und den Camotes, *limansauensis* auf
Limansaua, *sambuanga* auf Südwest-Mindanao, während der
Typus, der historische sowohl wie der natürliche, auf Bohol
beschränkt zu sein scheint. Auf Leyte ist diese Gruppe durch
die folgende Art vertreten, welche unzweifelhaft nächstverwandt mit *C. intorta* ist.

6*

46. *Cochlostyla (Corasia) sphaerion* (Sow.).

Helix sphaerion Sow.. P. L. S. 1841 p. 2: Pfr.. Mon. Hel. I p. 249:
Chemn. ed. II. t. 150. f. 5. 6. – *Helix intincta* Shuttlew.. Bern. Mitt. 1852 p. 196.
Cochlostyla (Hyponomana) sphaerion v. Martens. Ostas. p. 97: Semper.
Phil. p. 184. – *C. sphaerion* Hidalgo, J. de Conch. 1887 p. 127. — *C. (Calo-
cochlea) sphaerion* Pilsbry l. c. p. 154. t. 31. f. 31—35.

A. *typus*. Insel Leyte (Cuming, Jagor, Semper, Koch, Quadras).
formae: 1) unicolor corneo-lutea vel luteo-fulva. fere semper
taenia perangusta suturali ornata. pone aperturam
saturatius colorata.
2) basi saturatius fulva.
3) taeniis fuscis suturali. peripherica et columellari
ornata.
4) ut praecedens, sed basi saturate castanea.
5) basi castaneo-fusca. taenia suturali angusta.
6) unicolor atro-fusca, apice pallidiore. peristomate
fuscescente.

B. var. *nana* Semp.
Semper, l. c. p. 185.
Testa minore. spira plerumque magis elevata. Diam. 29—33.
alt. 28—30.
Südwest-Leyte. Camotes-Inseln.

C. var. *crassilabris* n. Testa multo solidiore. peristomate magis
expanso. incrassato, superne magis arcuato.
Monte Bontoc bei Hindang. Leyte (Quadras).

D. var. *meridionalis* n. T. magis globosa. solida. distinctius
plicato-striata. peristomate minus expanso sed incrassato.
superne lutea. inferne saturate castanea, taeniis nullis.
Nord- und Ost-Mindanao (Semper. Quadras.
Roebelen).

Pilsbry macht mit Recht darauf aufmerksam. daß die allgemein für *C. sphaerion* genommene Art nicht ganz zu Sowerby's
Originalbeschreibung paßt. Sowerby nennt sie dünn. den Mundsaum mit Ausnahme der Spindel braun und giebt ihr nur vier
Windungen. Die unsrige ist ziemlich festschalig, hat fast immer
weiße Lippe und 4½ Windungen: auch ist sie durchschnittlich
höher, als Sowerby angiebt. Eine Farbe erwähnt Pilsbry (Sowerby's Diagnose kann ich nicht nachschlagen) nicht: es wäre
möglich. daß Sowerby die seltenere einfarbig dunkelbraune Form

vorgelegen hätte, bei welcher auch die Lippe braun und welche auch etwas dünner ist. Sein Name, der für die kugelige Art sehr bezeichnend ist, kann aber jedenfalls beibehalten werden, wenn auch vielleicht sein Typus nicht der natürliche der Art war.

Ich unterscheide oben eine Anzahl Farben- und Bänder-Spielarten und einige wirkliche, d. h. geographische Varietäten, was die von Hidalgo und Pilsbry aufgeführten, mit Ausnahme von *nana* Semp., nicht sind. *H. intincta* Shuttlew. ist die bekannte Form, bei welcher die Oberseite hell und die Basis dunkel mit scharfer Trennung der beiden Farben ist; diese Färbung kommt aber sowohl beim Typus auf Leyte, als auch bei var. *nana* und var. *meridionalis* vor: man kann daher nicht von einer var. *intincta* sprechen. Wollte man sie und die übrigen Spielarten besonders benennen, so würden wir nicht nur beim Typus, sondern auch bei den Varietäten eine Reihe von Formennamen geben müssen. Speziell bei der var. *nana* wiederholen sich fast alle Abänderungen des Typus mit dem Unterschiede, daß hier die dunkleren häufiger sind, während beim Typ die helleren vorherrschen.

Eine sehr gute Varietät ist *nana* insofern nicht, als die Größe der Exemplare am einzelnen Fundort etwas wechselt, und zwar so, daß ausnahmsweise große Stücke der Varietät den ausnahmsweise kleinen des Typus gleichkommen.

Var. *crassilabris*, anscheinend eine isolierte Bergform, weicht durch ihre feste Schale und das breiter ausgeschlagene, kräftiger gelippte Peristom ziemlich stark ab; bei ihr sind uns keine Farbenabänderungen vorgekommen, die vorliegenden Stücke, etwa 15, sind vielmehr alle einfarbig horngelb mit rötlichgelbem Wirbel, einem schwachbräunlichen Spindelfeld und einem schmalen bräunlichen Strich hinter der Mündung. Sie sehen *C. roissyana* var. *solida* Pfr. von Mindoro auf den ersten Blick sehr ähnlich. Dies erklärt vielleicht die Verwechslung Pfeiffers, der (Chemn. ed. II, t. 42 f. 5, 6) als *sphaerion* Sow. die später von ihm *solida* benannte Form von Mindoro abbildete. Cuming hatte ihm dieselbe wahrscheinlich irrtümlich als *sphaerion* geschickt. Die letztere Art kommt auf Mindoro bestimmt nicht vor: bei genauerem Vergleiche sind die helleren Formen von *C. roissyana* leicht selbst von festschaligen Formen der *C. sphaerion* zu unterscheiden, schon durch das Vorhandensein einer hydrophanen Cuticula.

Var. *meridionalis* von Mindanao ist ebenfalls festschaliger als der Typus, aber im Gegensatz zu var. *crassilabris* ist der Mundsaum noch weniger ausgebreitet als bei der Stammform: ferner ist die Skulptur deutlicher und besteht aus ziemlich entfernt stehenden Faltenstreifen. Die mir vorliegenden Exemplare sind alle wie die Form *intincta* gefärbt, was auch Semper von den seinigen versichert. Bei allen fehlt die Suturalbinde, welche bei der Form von Leyte fast immer vorhanden ist.

Was nun die systematische Stellung von *C. sphaerion* anbetrifft, so habe ich schon erwähnt, daß sie zum Formenkreise der *C. intorta* Sow. gehört, also eine *Corasia*, keine *Callicochlias* ist. Schon Semper hebt hervor, daß er bei einem Exemplar von Bohol in Zweifel gewesen sei, ob er es zu *sphaerion* oder zu *intorta* rechnen solle (l. c. p. 185). Es ist jedenfalls eine *intorta* gewesen, die ich zahlreich von Bohol besitze, und bei der sich die hauptsächlichsten Farben- und Bänder-Spielarten von *C. sphaerion* wiederholen.

C. sphaerion unterscheidet sich wesentlich nur durch die kugligere Gestalt, den stärker gewölbten letzten Umgang und die deshalb rundere Mündung. Auch die Abwesenheit einer hydrophanen Cuticula teilt sie mit *intorta*, während allerdings die festere Schale und das stärkere Peristom zu *Callicochlias* hinüberleiten. Die obigen Formen sind bei den Varietäten und bei *C. intorta* wie folgt vertreten:

sphaerion typ.	v. nana	v. crassilabris	v. meridionalis	intorta von Bohol.
forma 1	1	1	—	1
2	2	—	—	—
3	3			3
4	4			4
5	5		5	5
6	—		—	—

C. limansauensis Semp. kann man als Übergang von *intorta* zu *sphaerion* betrachten. Daß wir es mit einer Repräsentativform der *C. intorta* zu thun haben, wird auch dadurch bestätigt, daß überall da, wo *C. sphaerion* vorkommt, eine andere *Corasia* der *intorta*-Gruppe fehlt, während auf den Inseln, wo *intorta* lebt, *sphaerion* nicht angetroffen wird.

47. *Cochlostyla (Leytia) fragilis* (Sow.).

Helix fragilis Sow., P. L. S. 1841 p. 40. — *H. leytensis* Pfr., Mon. I p. 242; Chemn. ed. II. t. 42. f. 7. 8. — *Cochlostyla (Calocochlea) leytensis* v. Martens, Ostas. p. 94. — *C. (Globosae) leytensis* Semper, Phil. p. 185. — *Helix (Corasia) fragilis* Hidalgo, J. de Conch. 1887 p. 117. — *Cochlostyla (Leytia) fragilis* Pilsbry l. c. p. 129, t. 29, f. 5, 6.

Tananan (Cuming), bei Palo und zwischen Jaro und Ormoc (Quadras). — Loquilocon auf Samar (Jagor, Micholitz).

Pilsbry hat für diese ebenso schön gefärbte wie seltene Art eine besondere Sektion errichtet, was sie in der That zu verdienen scheint. Sie hat Beziehungen zu *Chromatosphaera* Pilsbry (*C. globosae* Semp.), zu der sie Semper stellen wollte, namentlich durch die kuglige Gestalt und den nur ganz schwach ausgebogenen Mundsaum, zu *Corasia* durch die dünne Schale und die geringe Zahl der Windungen, zu *Callicochlias* durch die in Längsbinden aufgelöste hydrophane Cuticula.

Quadras fand nur junge Exemplare, die wir vergeblich versucht haben aufzuziehen. Die Weichteile sind gelb, der Nacken lang und schlank wie bei *Corasia*.

48. *Cochlostyla (Callicochlias) conifera* (Sow.).

Pfr., Mon. I p. 251; Chemn. ed. II. t. 46. f. 3. 4. — *Cochlostyla conifera, norrisi, dubiosa* v. Martens, Ostas. p. 95. — *C. conifera* Semper l. c. p. 177. — Hidalgo, J. de Conch. 1887 p. 129. — Pilsbry in Tryon Man. Pulm. VII p. 144, t. 35, f. 19, 20, 22.

Leyte (Cuming, Jagor): Alang-alang, Carigara, Tacloban, alle im Norden von Leyte (Quadras).

Auch bei dieser Art sind individuelle Abänderungen des gleichen Fundorts und geographische Varietäten zu unterscheiden. Die Rasse der Insel Leyte ist als historischer Typus zu betrachten: alle Exemplare zeigen ein dunkles Peripherieband in der Schale selbst, neben welchem zwei schmale helle Binden der hydrophanen Cuticula verlaufen (bei Anfeuchtung der Schnecke bleibt nur das dunkle Band sichtbar). Oberhalb dieses „Gürtels" verlaufen schmale hydrophane Binden, deren Zahl und Entfernung nach den Exemplaren abändert. Die Grundfarbe wechselt von Grünlichgelb zu Purpurbraun. Die letztere Färbung (*purpurascens* v. Mart.) ist kein Varietätscharakter zu nennen, sie kommt vielmehr bei allen Lokalrassen oder eigentlichen Varietäten vor.

Am nächsten steht der Stammform die Rasse der benachbarten Insel Samar, von der ich der Güte Prof. von Martens' eine Suite der von Jagor gesammelten Formen verdanke. Sie sind ebenso wie eine Reihe, welche Herr Ad. Gutmann um Calbayog, Westsamar, für mich sammelte, höher und kugliger, auch durchschnittlich festschaliger als die Rasse von Leyte und verdienen einen besonderen Varietätsnamen. Die Zahl der Farbenspielarten ist etwas größer als bei jener; ich unterscheide:

1) typisch mit dunklem, von zwei hydrophanen Binden eingefaßtem Band und wechselnden, aber hydrophanen Binden; Grundfarbe grünlichgelb,

2) ebenso, Grundfarbe braun bis dunkelrotbraun *(purpurascens* v. Mart.).

3) dunkles Peripherie-, Sutural- und Columellarband, keine oder spärliche hydrophane Binden *(dubiosa* v. Mart., non Pfr., *speciosa* Semp., an Jay?),

4) kein dunkles Band, aber zahlreiche hydrophane Binden *(norrisi* v. Mart., non Sow.),

5) keine Bänder, nur Spuren von hydrophaner Cuticula *(modestior* v. Mart.).

Alle diese Formen kommen durcheinander vor, sind also keine Varietäten, während sie in der Gestalt und Festschaligkeit übereinstimmen und daher eine besondere Rasse der Insel Samar bilden. Daß *speciosa* Semp. von Samar hierhergehört, geht schon daraus hervor, daß er sie selbst mit den von Jagor gesammelten Exemplaren von *C. zonifera* identiziert, welche letztere ich, wie erwähnt, durch Prof. v. Martens' Güte besitze. Ebenfalls ziehe ich zu *zonifera* die Schnecke, welche Semper als *C. samarensis* var. (Phil. p. 179, t. X, f. 9) beschreibt, und welche keinenfalls zu der echten *samarensis* gehört.

Daß die vielfach verwechselte *speciosa* Jay weder mit *corcomelas* Sow., wie Pfeiffer annahm, noch mit Formen von *zonifera*, wie Semper glaubte, identisch ist, haben Hidalgo (J. de Conch. 1887 p. 135) und Pilsbry (l. c. p. 136) nachgewiesen. Hidalgo vermutete in ihr eine Form von *butonica* Reeve, während Pilsbry das Originalexemplar vergleichen konnte und dasselbe für eine typische *C. dubiosa* Pfr. erklärt.

Da sich die obenerwähnten Martens'schen Namen nicht auf die Samar-Rasse von C. zonifera als solche, sondern auf individuelle Abänderungen beziehen, so sind dieselben für unsere Varietät nicht verwendbar, und ich nenne dieselbe daher var. *globosa* n.

An Leyte schließen sich südlich die Inseln Dinagat und Siargao an, welche zu Mindanao hinüberleiten. Hier lebt eine kleinere Rasse der C. zonifera, welche sich mehr an die von Samar als an die von Leyte anschließt. Sie mißt 32½—38 mm im Durchmesser, ist weniger kuglig als jene, aber doch durchschnittlich höher als der Typus, festschalig, und die Spindel bildet mit dem Unterrand keinen so deutlichen Winkel. Färbung und Zeichnung wechseln auch hier, doch fehlt das dunkle Peripherieband stets, die beiden hydrophanen Binden sind breiter, und unterhalb der Naht läuft eine wie abgerieben aussehende Zone, welche bei den hellen Stücken reinweiß, bei den dunklen, die auch hier nicht fehlen, rötlichweiß ist. Eigentümlich ist den rotbraunen Formen ein breiter brauner Strich im Innern der Mündung parallel dem Mundsaume, welcher letztere indessen weiß bleibt. Zu dieser Rasse gehört ohne Zweifel var. *paraleuca* Pilsbry (l. c. p. 142, t. 33, f. 32, 33, ohne Fundort). Ich nehme diesen Namen für die Varietät der Insel Dinagat und Siargao an, jedoch mit dem Bemerken, daß sie nicht bloß die helle Farbenspielart, welche Pilsbry abbildet, sondern auch die rotbraunen Formen einschließt. Die von Pilsbry erwähnte stärkere Drehung der Spindel ist einerseits bei der Varietät nicht konstant, andererseits kommt sie gelegentlich auch beim Typus und der var. *globosa* vor.

Schließlich greift C. zonifera auch auf die Nordosthalbinsel von Mindanao über, wo sie namentlich in der Umgegend des Sees Mainit verbreitet ist. Nach Semper ist sie an der Ostküste bis hinunter nach Lianga „eine der gemeinsten Schnecken". Alle Formen, die ich von Mindanao besitze, schließen sich in der Gestalt und Zeichnung am meisten an die vorige Varietät an, doch sind sie durchgehends erheblich größer, bis 48 mm im Durchmesser, etwas flacher, sich dadurch dem Typus nähernd. Die beiden hydrophanen Binden ober- und unterhalb der Peripherie sind stets sehr breit, das bei var. *paraleuca* erwähnte blasse Band ist auch hier vorhanden. Die bei weitem vorherrschende Grundfarbe ist rotbraun bis purpurbraun. Diese Rasse wird seit Reeve für *C. circe* Pfr. gehalten, und Pilsbry, der l. c. t. 53, f. 29 Reeve's Figur kopiert, stellt sie daher mit Recht als var. *circe* zu *conifera*. Nur sind seine Fundorte Samar und Leyte zu streichen, da, wie oben erwähnt, dort wohl dunkle Farbenabänderungen vorkommen, die Farbe aber bei Abtrennung der Varietäten in keiner Weise maßgebend ist. Eine forma *purpurascens* giebt es bei allen vier besprochenen Rassen: Martens' *purpurascens* aber ist eine Spielart von var. *globosa*. Daß die Mindanao-Varietät wirklich *H. circe* Pfr. ist, scheint mir außer Zweifel: einmal stimmt seine Diagnose ganz genau auf unsere Form, und dann citiert er selbst Reeve's Figur, welche unzweifelhaft unsere Varietät darstellt, für seine Art. Ich will dabei nicht unerwähnt lassen, daß neuerdings eine Schnecke, welche Roebelen und Dr. Platen auf Mindanao (der erstere bei Cottabato) sammelten, von Dr. Staudinger, wahrscheinlich auf Dohrn's Autorität hin, als *C. circe* versandt wird. Sie hat mit *C. conifera* nichts zu thun, gehört vielmehr zur Gruppe von *C. depressa* Semp. (*Helix liguaria* Pfr.), welche sie mit der von *C. pan* Brod. verknüpft. Diese Art muß, wenn unsere Auffassung von *C. circe* richtig ist, einen neuen Namen haben.

49. *Cochlostyla (Axina) magistra* (Pfr.) var. *gloynei* Sow.

Helix gloynei Sowerby, Journ. Linn. Soc. 1889, t. 25, f. 16, 17. — *Cochlostyla (Axina) magistra* var. *carinata* v. Mlldff., Jahresb. Senckenb. 1890 p. 239. *C. (Axina) magistra* var. *gloynei* et *carinata* Pilsbry l. c. p. 165, t. 21, f. 37, 38.

Küsteninsel Timobo bei Leyte (Koch). Sonst von Magtan bei Cebu bekannt.

Diese elegante Form hatte mein Freund Koch schon 1887 auf Magtan entdeckt, wie ich Nachr. Bl. 1888 p. 72 bereits erwähnte, ohne ihr einen Namen zu geben, weil ich mir über ihr Verhältnis zu *C. magistra* nicht klar war. Nach der sehr mäßigen Figur dieser Art im Conchylien-Kabinet glaube ich nicht, daß sich die Form von Magtan artlich von ihr trennen läßt. Sowerby hat sie, wie ich allen Grund habe anzunehmen, von einem meiner Tauschfreunde in England erhalten und als *H. gloynei* 1889 publiziert, während ich, da mir jene Veröffentlichung entgangen war, sie 1890 in meinem Aufsatz über Cebu als var. *carinata* von *Axina magistra* aufführte.

Das Vorkommen auf der Insel Timobo ist einigermaßen auffallend, da sie auf den zwischenliegenden Inseln noch nicht gefunden worden ist. Da sie Koch nicht selbst dort gesammelt, sondern von einem einheimischen Sammler erhalten hat, so ist eine irrtümliche Fundortsangabe freilich nicht ausgeschlossen.

50. *Cochlostyla (Trachystyla) cryptica* (Brod.) var. *cretata* Brod.

Tananan (Cuming). Maasin (Koch), Alang-alang, Mabuyoc, Saob, Maerohon (Quadras).

Pilsbry hat für diese großen, grobskulptierten und dadurch von dem *Cochlostyla*-Typus stark abweichenden Formen die Sektion *Trachystyla* errichtet (= *C. cinereae* Semp.), welche er wie *Axina* der Sektion *Callicochlias* unterordnet. Ich möchte sie derselben coordinieren, wie es überhaupt schwer sein wird, größere Abteilungen innerhalb der vielgestaltigen Gattung zusammenzufassen. Die *Trachystyla*-Formen erinnern auffallend an manche *Canaena*-Arten, doch unterscheiden sie sich anatomisch nach Semper in Nichts von den typischen Cochlostylen, und auch conchyliologisch spricht die Anwesenheit der hydrophanen Cuticula und das Fehlen jeder Andeutung einer Durchbohrung für *Cochlostyla*. Am ersten läßt sich die Gruppe noch an die von *C. barfordi* anschließen.

Ich bin sehr damit einverstanden, daß Pilsbry *C. latilans* und *cretata* als Varietäten an *cryptica* anschließt, nur hätte er konsequenter Weise auch *panaensis* Semp. und *cineracea* Semp. zu Varietäten degradieren sollen, welche z. T. weniger differenziert sind als die ersterwähnten. Semper selbst stellte seine Arten mit Bedenken auf und sagt ausdrücklich, daß er alle diese Formen für geographische Varietäten einer Art halten möchte, aber solange die drei Broderip'schen Arten getrennt gehalten würden, auch seine neuen Formen als Arten behandeln wollte. Zweifellos sind sie alle Repräsentativrassen eines und desselben Typus und müssen entweder sämtlich als Arten oder sämtlich als Varietäten aufgefaßt werden. Ich bin für das letztere, da der Gesamthabitus bei allen sehr ähnlich bleibt.

Die hierhergehörigen Schnecken scheinen überall selten zu sein, einzeln zu leben oder doch schwer zu finden zu sein; es ist daher schwierig, ein genügendes Vergleichsmaterial zusammenzubringen. Ebendeshalb werden die beschriebenen Arten auch vielfach verwechselt. Ganz besonders ist dies mit *cryptica* der Fall, welche bei Semper, Hidalgo und Pilsbry von Mindanao angegeben wird. Die dort lebende *Trachystyla* hat mehr Beziehungen zu *latitans* und *cretata* als zu *cryptica*, welche letztere anscheinend auf die Insel Samar, von wo sie beschrieben wurde, beschränkt ist. Exemplare, die ich durch Herrn A. Gutmann von Calbayog auf Samar erhielt, stimmen ganz genau zu Pfeiffer's Diagnose, während die als *cryptica* zirkulierende Rasse von Mindanao, die ich unten als var. *nigricans* aufführe, wesentlich von ihr abweicht. Auch typische *latitans* kenne ich zunächst nur von der Insel Bohol, dem Originalfundorte, während die von Semper als *latitans* bestimmten Schnecken ebenfalls zur var. *nigricans* gehören.

Ich unterscheide die folgenden Rassen, welche von Samar im Norden anfangend geographisch wie conchyliologisch eine fortlaufende Reihe bilden. Nördlich von Samar, also auf Luzon, ist keine Vertreterin der Gruppe gefunden worden, wenigstens glaube ich nicht, daß *C. daluensis* O. Semp. von Nord-Luzon hier hergehört; ebenso fehlt die Gruppe auf den westlichen Visayas.

1. *C. cryptica* Brod. typ.

Ziemlich gedrückt, letzte Windung stumpf aber deutlich gekantet, gegen die Mündung kurz aber entschieden herabgebogen. Skulptur sehr ausgeprägt, dreifach: Anwachsstreifen, erhabene Spirallinien, schräg nach vorn verlaufende Runzeln; hydrophane Cuticula äußerst dünn, daher die chokoladenbraune Grundfarbe nicht verdeckt, sondern nur mit einem matten Überzug versehen. Peristom breit ausgeschlagen, kräftig gelippt, stark umgebogen.

Diam. 66, alt. 48 mm.

Samar (Cuming. Semper. Gutmann).

2. Var. *latitans* Brod.

Gewinde etwas höher, letzter Umgang kaum gekantet, wenig herabgebogen. Skulptur sehr abgeschwächt; hydrophane Cuticula stärker entwickelt, fast das Gehäuse bedeckend, graugelblich-braun mit Andeutung einer schwarzen Binde; Grundfarbe etwas heller als beim Typus; Mundsaum schmal, schwach gelippt, kaum umgeschlagen.

Diam. 63, alt. 54 mm.

Bohol (Cuming. Semper. Koch).

3. Var. *depressa* n.

Kleiner, sehr niedergedrückt. Skulptur und Kantung wie beim Typ, hydrophane Haut wie bei *latitans*, Mundsaum zwischen Typ und *latitans* in der Mitte stehend.

Diam. 58, alt. 43 mm.

Camotes (Koch).

4. Var. *cretata* Brod.

Höher, oft fast kugelig, letzter Umgang weniger stark herabgebogen als beim Typ, aber etwas stärker als bei *latitans*, Skulptur kräftig, aber statt der schrägen Runzelung entfernter stehende Hammerschlageindrücke, die allerdings gelegentlich zu Runzeln zusammenfließen. Grundfarbe meist heller mit dunkler Binde an der Peripherie, hydrophane Haut sehr stark entwickelt, oft die ganze Schale gelblichweiß einhüllend oder seltener bindenweise unterbrochen. Mundsaum noch breiter ausgeschlagen als beim Typ. Spindel einen deutlichen Winkel mit dem Unterrande bildend.

Diam. 60, alt. 54 mm.

„ 62,5, „ 57 „

Leyte (Fundorte siehe oben).

4a. Var. *cretata* Brod., subvar. *minor* m.

Kleiner und noch höher, sonst wie 4.

Diam. 57, alt. 54 mm.

Camotes (Koch).

5. Var. *panaensis* Semp.

Gesamtform etwa wie *cretata*, Skulptur viel schwächer, hydrophane Haut sehr schwach wie beim Typ, letzter Umgang kaum gekantet, kaum herabgebogen. Naht etwas abgeflacht mit gelblichem Saum, oberer Mundsaum in der Mitte meistens etwas stärker vorgezogen. Ausbreitung wie bei *cretata*.

Diam. 65, alt. 50 mm (Semper).

„ 60, „ 51 „

Panaon bei Leyte (Semper, Quadras).

6. Var. *tumida* n.

Ziemlich gedrückt, letzte Windung und daher auch die Mündung sehr groß. Cuticula schwach. Skulptur mäßig, stärker als bei *panaensis*. Naht etwas abgeflacht, letzte Windung kaum herabgebogen. Mundsaum außerordentlich breit (5 mm).

Diam. 62, alt. 49, apert. lat. (c. callo) 46, long. 45 mm.

Jabonga, Nord-Mindanao (Quadras).

7. Var. *subglobosa* n.

Fast so hoch wie breit, Skulptur abgeschwächt, hydrophane Oberhaut bräunlich, mit einem dunklen peripherischen Band. Mündungsform wie bei *cretata*, Mundsaum wie bei *latilans*.

Diam. 52, alt. 51 mm.

Insel Siargao (Semper, Roebelen).

Diese Form, welche Semper als typische *latilans* aufführt, könnte als Mittelglied zwischen *latilans*, mit der sie die Cuticula und den Mundsaum gemein hat, und *cretata*, mit der sie die Gesamtform und den Winkel an der Spindel teilt, aufgefaßt werden.

8. Var. *nigricans* n.

Gewinde durchschnittlich höher als bei den voranstehenden Formen, ausgenommen die letztgenannte. Windungen gewölbter, die letzte kaum gekantet, vorn ziemlich stark herabgebogen. Skulptur etwa typisch. Cuticula meist sehr dünn, die schwarzbraune Grundfarbe durchschimmern lassend, seltener etwas stärker entwickelt und dann an var. *latilans* erinnernd. Mundsaum etwas breiter als bei letzterer, aber schmäler als beim Typus.

Diam. 67, alt. 55 mm.

„ 61, 52,5 „

Nordost- und Ost-Mindanao (Semper, Quadras, Roebelen).

Dies ist *C. cryptica* bei Semper und Hidalgo, doch hat sie mit dem Typus von Samar nur die geringe Entwickelung der Cuticula gemein, in der Gesamtform nähert sie sich der var. *cretata*, ist aber durchschnittlich noch höher als diese, und der letzte Umgang im Verhältnis zum Gewinde kleiner; in der Bildung des Mundsaums schließt sie sich am meisten der var. *latilans* an.

9. Var. *cineracea* Semp.

Gewinde sehr niedergedrückt, letzte Windung entschiedener gekantet, fast gekielt, hydrophane Oberhaut wie bei var. *latilans*, ebenso Mundsaum.

Ost-Mindanao: Lianga (Semper), Hinatuan (Koch).

Trotz der auf den ersten Blick auffallend abweichenden Gestalt nur eine schwache Varietät, was sich auch darin zeigt, daß einzelne Stücke Tendenz zur Abschwächung des Kiels und Erhebung des Gewindes zeigen. Solche Stücke stehen bis auf die Färbung der vorigen Varietät sehr nahe.

51. *Cochlostyla (Orthostylus) pithogastra* (Fér.).

Pili und Magonbagon bei Tacloban, Bansod bei Carigara (Quadras), also, wie es scheint, auf Nord-Leyte beschränkt. Die Formen von Leyte sind ausnahmslos gestriemt, gehören also, wenn Pilsbry und Hidalgo Recht haben, zu *philippinensis* Pfr., welche danach nicht einmal eine Varietät, sondern eine bloße Farbenspielart sein würde. Ich glaube aber, daß der Pfeiffer'schen Art Unrecht geschehen ist: der Autor basiert sie keineswegs auf die Färbung und Zeichnung, mindestens nicht in erster Linie, und es ist ihm nicht entgangen, daß gestriemte Formen auch bei *pithogastra* vorkommen (Mon. II p. 4: „Nonnumquam pallide strigata"). Vielmehr ist der Hauptunterschied die Gestalt, welche er bei *pithogastra* „ovato-conoidea", bei *philippinensis* „ovato-turbinata" nennt, und die Wölbung der Windungen, welche bei ersterer als „convexiusculi", bei der letzteren als „convexi" bezeichnet werden. Hierin sind mir keine Übergänge vorgekommen, obwohl ich ein nach Hunderten zählendes Material von den verschiedensten Fundorten sorgfältig vergleichen konnte. Danach läßt sich *C. philippinensis*, welche ich nur von der Insel Marinduque kenne, sehr gut als Art halten. Wohl aber wäre es möglich, daß Pfeiffer später selbst gewisse Formen der *pithogastra* mit seiner Art vermengt hätte; wenigstens scheint dies daraus hervorzugehen, daß Hidalgo die Abbildung in Chemn. ed. II, t. 50 f. 1, die ich gegenwärtig nicht vergleichen kann, zu *pithogastra*, die var. β in Mon. II p. 6 zu *philippinensis* zieht. Hat er darin Recht, so geht es natürlich nicht an, daß man, wie er es in J. de Conch. 1887 p. 165 thut, *philippinensis* Pfr. als Synonym zu *pithogastra* stellt und eine eigene Art *philippinensis* mit dem Autor Reeve anerkennt! In solchem Falle müßte vielmehr der Name *philippinensis* ganz eingezogen werden und die Rasse der Insel Marinduque, welche ich auch für eine besondere Art halte, einen neuen Namen erhalten. Hierzu eignet sich vielleicht der Name *rillari* Hid. *C. rillari* von Marinduque und Mindoro steht in der Gestalt zwischen *pithogastra* und der Form von Marinduque, welche ich für die echte *philippinensis* halte, und hat konvexe Windungen; sie scheint mit *philippinensis* zusammenzuleben, sodaß die letztere nur eine Form der ersteren wäre.

Es würde sich dann folgende Synonymie ergeben:

C. *pithogastra* Fér. Leyte, Samar, Südost-Luzon, Masbate, Catanduanes.

f. *strigata* (= *philippinensis* Pfr. [ex parte], Hidalgo [ex parte], Pilsbry).

C. *villari* Hid. Marinduque, Mindoro.

f. *ventricosa*, saturatius strigata (= *philippinensis* Pfr. [ex parte], Reeve, Hidalgo [ex parte]). Marinduque.

Der Fundort Cebu, den Hidalgo nach Quadras aufführt, ist zu streichen: Quadras hat C. *pithogastra* dort so wenig gesammelt, wie Koch und ich, sondern es ist einer der mehrfach erwähnten Fälle, daß ihm ein einheimischer oder spanischer Sammler einen falschen Fundort angegeben hat.

52. Cochlostyla (Canistrum) relata (Brod).
var. elongata v. Mlldff.

Leyte (Koch).

Mit C. *relata* zusammen erhielt Koch als von der Insel Leyte stammend einige Exemplare einer etwas länger ausgezogenen, sonst typischen Form von C. *relata* Brod. Quadras hat sie nicht gefunden, sodaß der Fundort einigermaßen zweifelhaft bleibt. Indessen könnte die Art vom Westen der Insel stammen, wo Quadras wenig gesammelt hat.

Pilsbry (Tryon, Man. Pulm. VIII p. 12) führt C. *relata* in der Gruppe von C. *fulgetrum* auf, welche allerdings, namentlich durch den Formenkreis von C. *satyrus*, zu *Canistrum* überleitet, mit welcher unsere Art aber kaum nähere Verwandtschaft zeigt. Eher könnte man schwanken, ob *relata* nicht der Gruppe *Hypsodostyla* anzuschließen wäre, da kleine Formen von *boholensis* und *camelopardalis* ihr einigermaßen nahekommen; aber wegen der länglich-eiförmigen Gestalt und des stumpfen Wirbels ist doch wohl in *Canistrum* ihr richtiger Platz. Eine scharfe Trennung der Sektionen von *Cochlostyla* ist überhaupt nicht möglich, und es sind eine Reihe von Arten vorhanden, welche die verschiedenen Gruppen mit einander verknüpfen.

53. *Cochlostyla (Hypselostyla) connectens* n. sp. (Taf. III, Fig. 9).

T. ovato-turrita, solida, subtiliter striatula, ex fulvo castaneo-fusca, cuticula hydrophana cinerascenti-albida strigis angustis saepe interruptis sat distantibus fuscis variegata, microscopice granulata obtecta. Spira subregulariter conica apice denudato, acutiusculo, fulvo. Anfr. 6½—7 convexiusculi, sutura parum impressa submarginata discreti, ultimus medio confuse angulatus, fere ½ longitudinis aequans. Apertura valde obliqua, subauriformis; peristoma parum expansum, fusco- vel nigricanti-labiatum, columella subtorta, medio subdentata, sursum ex roseo alba.

Long. 57, diam. 30, apert. lat. 20, long. 28, alt. 25 mm.
     59,   28.5, „   19, „ 28,   25
     52,   27.5, „ „ 18.5, „ 26, „ 22

Hab. ad vicum Tagbag in parte meridionali insulae Leyte, leg. cl. J. Quadras.

var. *gracilis* n.

Minor, paullo gracilior, pallidior, cuticula hydrophana tenuiore, peristomate latiuscule expanso.

Long. 49—52, diam. 23—24.5 mm.

Hab. ad vicos Maasin, Macrohon insulae Leyte, leg. cl. J. Quadras.

Diese Form dürfte schon Semper vorgelegen haben, doch vergleicht er sie (Phil. p. 208) nicht mit der am nächsten stehenden Art *C. boholensis*, sondern mit *camelopardalis*. In der That hat sie zu beiden Beziehungen, und so lange dieselben als besondere Arten gelten, schiebt sie sich als dritte zwischen dieselben ein. Es ist aber schließlich nicht sehr viel dagegen einzuwenden, *boholensis* als Varietät an *camelopardalis* anzuschließen, wie Pilsbry neuerdings will (Tryon, Man. Pulm. VIII p. 26). Nur ist es nicht richtig, daß sich *boholensis* nur durch die Zeichnung von *camelopardalis* unterscheide, sondern die Gesamtgestalt ist viel bauchiger, die Windungen sind gewölbter, eine weniger vorhanden u. a. m. Die neue Form von Leyte ist fast ganz von einer gelbgrauweißen, ziemlich dicken Oberhaut bedeckt, aus der durch schmale, meist fast gerade, ziemlich entfernt stehende Risse die dunkle Grundfarbe durchleuchtet, so daß die Zeichnung auffallend an Formen von *C. fulgetrum (ventricosa* autt.) erinnert. Die Cuticula zeigt ferner eine eigentümliche, fast mikroskopische Skulptur, welche bei *camelopardalis* ganz fehlt, bei *boholensis* aber viel schwächer ist. Von letzterer unterscheidet sich *C. connectens* ferner durch die festere Schale, dunklere Farbe, stärker gedrehte Spindel, weniger gewölbte Windungen, von *C. camelopardalis* durch eine Windung weniger, etwas gewölbtere Windungen, verhältnismäßig höhere letzte, bauchigere Gestalt, festere Schale, schiefere Mündung, dunklere Grundfarbe. Wären die Formen auf jeder Insel ganz gleichmäßig, so würde ich keinen Augenblick schwanken diese drei Rassen, wenn sie auch Vertretungsformen eines Typus sind, als Arten zu behandeln. Von *camelopardalis* kommen aber auf Cebu Formen von etwas bauchigerer Gestalt vor, die sich dadurch *boholensis* nähern, wenn sie auch noch wesentlich schlanker sind als diese und in der Zahl der Windungen und der Zeichnung mit dem Typus stimmen. Bei der von mir früher zu *camelopardalis* gerechneten Form der Camotes kann man in der That schwanken, ob man sie zu *boholensis* oder *camelopardalis* rechnen soll. Von *boholensis* ist mein Material noch schwach; im Norden der Insel, woher ich eine große Partie erhielt, habe ich keine starke Variabilität bemerkt; die Exemplare waren vielmehr in Gestalt und Zeichnung alle typisch, bauchiger und die Windungen gewölbter als f. 8, 9 bei Tryon (VIII, t. 12). Wenn aber f. 7 und 10 ebenda wirklich Exemplare von Bohol darstellen (was ich noch bezweifle), so würden sich auch auf dieser Insel Übergänge zu *camelopardalis* finden. Auf Leyte kommt neben der typischen *connectens*, deren Artgültigkeit auf den ersten Blick unbestreitbar erscheint, die obenerwähnte var. *gracilis* vor, welche sich durch die schlankere Form der *camelopardalis* nähert, auch keinen so ausgeprägten hydrophanen Überzug besitzt wie der Typus; doch zeigt die Cuticula dieselbe Skulptur wie letzterer.

Hiernach ist schwer zu entscheiden, ob man diese Rassen als Arten, Unterarten oder Varietäten auffassen will; unsere *connectens* würde in jedem Fall denselben Rang einnehmen müssen wie *boholensis*. Ich würde die definitive Entscheidung hierüber von einer genaueren Durchforschung der Insel Bohol und ihrer Nebeninseln abhängig machen; wenn dieselbe eine größere Variabilität der *C. boholensis* ergiebt, als ich bis jetzt konstatieren konnte, so würde auch ich für Zusammenfassung aller drei Rassen in eine Art sein, während ich sie vorläufig doch lieber als Arten behandle.

Fam. **Bulimidae.**

54. *Amphidromus maculiferus* Sow.

var. *multicolor* n.

Minor, flavescens, strigis spadiceis, brunneis, virescentibus, saepe flammulatis picta.

Leyte: Maasin (Semper) und Bato (Koch, Quadras); auch auf den Camotes (Koch).

Der Typus der Art, sowie die blaßbraun gestriemte Varietät leben auf Mindanao, eine kleinere Form fand Semper auf Bohol. Die Form von Leyte und den Camotes ist genügend differenziert, um einen eigenen Namen zu verdienen. Weiter nach Norden fehlt die Gattung gänzlich, wie auch im Westen des Archipels *A. entobaptus* Dohrn noch bis auf die Calamianes-Gruppe, aber nicht mehr bis Mindoro verbreitet ist. In Hinterindien reicht die Gattung etwas weiter nach Norden, etwa bis zum 20. Grad, fehlt aber in Tongking und Südchina. Ob *B. formosensis* von Südformosa ein *Amphidromus* ist, bleibt zweifelhaft; das Überspringen der nördlichen Hälfte der Philippinen (ganz Luzon!) wäre eine höchst auffallende Erscheinung. Aus der chinesischen Fauna heraus läßt sich das Auftreten dieser großen *Bulimus*-Formen auf Formosa auch nicht erklären. Gegen *Cochlostyla* spricht der Nabel.

Fam. **Stenogyridae.**

55. *Hapalus grateloupi* (Pfr.).

Macrohon, Campagal, Matalon, Tubasan, zwischen Ormoc und Jaro (Quadras).

Quadras fand fast nur junge Stücke; das einzige erwachsene Exemplar ist ohne Spur von Nabelritz, stark glänzend und weniger stark gestreift als die Exemplare von Cebu. In den Dimensionen stimmt es völlig zu Pfeiffer's Angaben; auch nennt Pfeiffer die Schale glänzend, während die Form von Cebu matt, wie bereift ist. Vielleicht waren Pfeiffer's Exemplare und auch die von Quadras abgerieben.

56. *Opeas gracile* (Hutt.).

Ganz Leyte, auch Panaon und Limansaua. Über den ganzen Archipel verbreitet

57. *Opeas clarulinum* (Pot. Mich.).

Mte. Bontoc bei Hindang (Quadras).

58. *Opeas hexagyrum* Bttgr.

Boettger, Jahresb. Senckenb. Nat. Ges. 1890 p. 248, t. VIII f. 11.

var. *polygyra* n. Anfr. 8—9½. lentissime accrescentes, spiram fere cylindricam efficientes.

Diam. 2(—2½), long. 7¾(—10), alt. anfr. ultimi 2½ mm.

Matalon, Tubasan bei Inopacan, Mte. Bontoc (hier die lange Form mit 9½ Windungen). Insel Limansaua.

Fam. **Cionellidae.**

59. *Geostilbia philippinica* v. Mlldff.

v. Mlldff., Jahresb. Senckenb. 1890 p. 248, t. VIII f. 8.

Augay bei Inopacan (Quadras). Ganz identisch mit den Originalen von Cebu, wo sie außer auf dem Licos auch bei Dalaguete gefunden wurde.

Fam. **Pupidae.**

60. *Leucochilus pediculus* (Shuttlew.) var. *ovatula* Bttgr.

Boettger, Jahresb. Senckenb. 1890 p. 253.

Patong bei Maasin, Liloan (Quadras).

61. *Leucochilus artense* (Montr.).

Montrouzier, J. de Conch. 1859 p. 288, t. VIII f. 4; Pfr. Mon. Hel. VI p. 335.

var. *cornea* Bttgr. in litt.

Iba bei Malitbog, Liloan auf Panaon, Limansaua (Quadras). Auch auf Cebu (Koch) und bei Balinag. Provinz Bulacan (Quadras und ich), Majayjay, Provinz Laguna (ich).

Professor Boettger theilt mir brieflich mit, daß er *Pupa artensis* Montr. wegen der schlankeren, fast cylindrischen Gestalt jetzt als Art neben *pediculus* Shuttlew. halten möchte. Der glashelle Typus kommt außer in Neukaledonien auch auf

Luzon vor. wo ihn mein Freund O. Hennig am Felsen Peña
blanca. Provinz Cagayan, fand. Die Varietät ist hornbraun und
in der Regel noch schlanker als der Typus. Daß *L. ortense*
spezifisch von *L. pediculus* verschieden ist. wird dadurch bestätigt. daß beide bei Liloan unvermittelt zusammenleben.

62. *Staurodon mordeti* (Brown).

v. Mlldff.. Jahresb. Senckenb. 1890 p. 252.

Macrohon auf Leyte. Limansana (Quadras). Wohl über
den ganzen Archipel verbreitet. da wir ihn jetzt schon von Luzon.
Busuanga. Cebu. Siquijor, Catanduanes und Leyte kennen.

63. *Ptychochilus* sp.

Ein Stück in schlechtem Zustande von Hinayangang. Sehr
ähnlich dem *Pt. moellendorffi* von Cebu und Siquijor, aber etwas
größer und bauchiger. Ein anderes Exemplar von Saob bei
Cabalian scheint einer anderen Art anzugehören.

Fam. **Succineidae.**

64. *Succinea philippinica* n. sp. (Taf. III. Fig. 10. 10a b).

T. ovato-conica. tenuis. transverse plicato-striata lineis
spiralibus rugulosis sat distantibus minute decussata. fulvo-
cornea: spira sat elevata apice subtili obtusulo. Anfr. $3\frac{1}{2}$ convexi. ultimus (a latere) $\frac{3}{4}$ longitudinis superans. basi non
attenuatus. Apertura sat obliqua, ovalis: peristoma simplex.
columella calloso-subplicata.

Long. 12, diam. 8,5, apert. long. 8,75. lat. 5,5 mm.

Hab. in insulis Cebu. Leyte. Mindanao et Luzon.

Diese Art ist dieselbe. welche Hidalgo als *S. chinensis*
aufführt: Pfeiffer's Art hat aber kaum 3 Windungen. und das
Gewinde wird „mediocris" genannt. Eher ließe sich *S. orientalis*
Bens.. ebenfalls aus China. vergleichen. doch ist die philippinische
Form von dieser durch die Spiralskulptur und die kürzere Spira
verschieden. Die von Borneo beschriebenen Arten kann ich
nicht vergleichen.

Fam. **Auriculidae.**

65. *Melampus lutens* Qu. G.

Leyte (Koch).

66. *Melampus fasciatus* Desh.

Leyte. Limansaua (Quadras).

67. *Melampus boholensis* H. et A. Ad.

v. Mlldff., Jahresb. Senckenb. 1890 p. 254.

Limansaua (Quadras).

68. *Melampus caffer* Krauß.

Limansaua (Quadras).

69. *Melampus pulchellus* Petit.

Limansaua (Quadras).

70. *Tralia hanleyana* Gass.

v. Mlldff., Jahresb. Senckenb. 1890 p. 259.

Leyte (Koch).

71. *Pythia reeveana* Pfr.

Leyte. Panaon (Quadras).

72. *Pythia pantherina* A. Ad.

Leyte (Koch).

73. *Pythia striata* Reeve.

Reeve. Conch. Ic. (Scarabus) f. 26; Bttgr., Jahresb. Senck. 1891 p. 277.

Tamulayan, Süd-Leyte (Quadras).

Long. 22. diam. 14.5 m.

Deutlich und ziemlich entfernt längsgestreift, die Streifen
glänzend, fein quergekerbt, scheinen aus aufgelegter Membran
zu bestehen und sind den Anwachsstreifen nicht ganz parallel;
bei ganz alten Stücken sind sie abgerieben. Mundsaum leicht
goldgelb gefärbt, in der Bezahnung kein wesentlicher Unterschied. Wegen des niedrigen Gewindes und der Skulptur, falls
sie sich als konstant erweisen, könnte sie neben *P. pantherina*
Artgiltigkeit behalten, wie Boettger befürwortet.

74. *Pythia sinuosa* Ad.

Malitbog (Quadras).

75. *Pythia cumingiana* Petit.

Panaon (Quadras).

76. *Plecotrema typica* H. et A. Ad.

Tacloban (Cuming). Von Quadras nicht gefunden.

Sonst von Cebu, Mindanao, Sibuyan, nach Pfeiffer auch von Pulo Pinang bekannt.

77. *Plecotrema octanfracta* Jonas.

Tacloban, Limansaua (Quadras).

Ich schließe mich Hidalgo in der Bestimmung eines kleinen, über die mittleren und südlichen Philippinen weit verbreiteten Plecotremas als *P. octanfracta* an. Allerdings giebt Pfeiffer viel größere Dimensionen für die Stammart von Hawaii an, nämlich 7:4 mm, aber schon Jonas' Größenangaben $2^2/_3 : 1^2/_3$ lin. sind etwas kleiner, und Pease mißt bei Exemplaren von Hawaii 5:3 und 4:2 mm. Zu letzteren Maßen stimmen meine Stücke von den Sandwich-Inseln, sowie die von Quadras bei Tacloban gesammelten. Die von Limansaua, Cebu, Sibuyan und Mindanao sind noch etwas kleiner, aber außer der Größe kann ich keinen Unterschied entdecken.

78. *Plecotrema hirsuta* Garrett.

Pfeiffer, Mon. Pneum. suppl. III. 1876 p. 348.

var. *nana* v. Mlldff.

Limansaua (Quadras).

Die Stammart von den Viti-Inseln ist zwar mehr als doppelt so groß, $7:4^1/_2$ mm, während die Varietät nur $3^1/_4 : 2$ mm mißt, aber im Übrigen ist kaum ein Unterschied namhaft zu machen. Von der vorigen Art scheidet sie die Behaarung, die lange Spira mit spitzem, mukroniertem Wirbel und die verhältnismäßig niedrige Mündung.

79. *Cassidula labio* v. Mlldff.

v. Mlldff., Jahresb. Senckenb. 1890 p. 262.

Tacloban, Limansaua (Quadras).

80. *Auricula subula* Quoy Gaim.

Leyte (Koch).

81. *Pedipes jouani* Montr. var. *philippinica* n.

T. imperforata, ovato-conica, solidula, liris spiralibus validis subaequalibus, 22 in anfr. ultimo, quinta et octava majoribus cincta, striis transversis obliquis quasi granulata, brunnea; spira sat elevata, gradata, apice acutiusculo, obliquo, submammillari. Anfr. 4 sat celeriter accrescentes, sutura appressa discreti, convexiusculi, supra medium subcarinati, ultimus magnus, $^3/_4$ longitudinis aequans. Apert. valde obliqua, ovalis: peristoma rectum, acutum, marginibus callo tenuissimo junctis, intus calloso-labiatum, callo superne dentem brevem emittente, tum sursum desinente. Lamella parietalis valida, longe intrans, columellares 2 inaequales, supera validissima, subobliqua, infera minor, horizontalis. Columella lata, valde excavata.

Long. 3,75, diam. 2,75, apert. long. 2,5, lat. 2 mm.

Hab. in insula Limansana, leg. cl. J. Quadras.

Dieser erste philippinische *Pedipes* steht *P. jouani* Montr. von Neukaledonien, den ich nur nach der Beschreibung (Pfr., Mon. Pneum. Suppl. III p. 332) vergleichen kann, jedenfalls sehr nahe. Die sich aus der Diagnose ergebenden Unterschiede, daß der neukaledonische Typus keinen schief, beinahe zitzenförmig aufgesetzten Apex haben, seine Sutur tief sein soll, ferner die Höhe des letzten Umgangs (³/₅ der Länge) könnten auf unvollkommener Beschreibung beruhen. Dagegen ist der Philippiner erheblich kleiner, die untere Columellarlamelle kann nicht wie bei *jouani* „tuberculose subacutus“ genannt werden, sondern ist eine ziemlich dicke, rundliche Spirallamelle; auch scheint bei unserer Form die Spindel viel tiefer ausgehöhlt zu sein, wenigstens wäre sie, wenn sie bei *jouani* ebenso gebildet ist, mit dem Ausdruck „concava“ sehr mangelhaft beschrieben. Alles in Allem dürfte es bei der weiten Verbreitung der Auriculiden, von denen Melanesien ohnehin verschiedene mit den Philippinen gemein hat, vorläufig wenigstens richtiger sein, unsere Form als Varietät an *P. jouani* anzuschließen.

Fam. **Limnaeidae**.

82. *Limnaea (Fossaria) philippinensis* G. Nev.

Nevill, J. As. Soc. Beng. L, 1881 p. 142.

Ein Exemplar, welches Quadras zu Basay bei Maasin fand.

stimmt bis auf die geringere Größe und wenig schlankere Gestalt zu Exemplaren, welche ich durch Hungerford vom Originalfundort erhielt; die Art, welche sich sehr nahe an *L. perria* v. Mart. von Japan und China anschließt, kennen wir bis jetzt von Luzon, Leyte und Cebu.

83. *Planorbis (Gyraulus) quadrasi* n. sp. (Taf. III. Fig. 11. 11a—c).

T. discoidea, subcompressa, utrimque subaequaliter leviter impressa, tenuis, leviter arcuatim striatula, pallide virescenti-flavida, subnitens. Anfr. 3 rapide accrescentes, convexiusculi, sutura sat profunda discreti, ultimus ad peripheriam bene rotundatus. Apertura diagonalis, ovalis, sat excisa; peristoma simplex, acutum, intus callo latiusculo, albo, parallelo munitum.

Diam. maj. 3.5, alt. 1 mm.

Hab. ad vicum Montalban insulae Luzon nec non in insula Leyte.

Dieser kleine *Gyraulus* steht durch die geringe Zahl der Windungen und die Dimensionen dem *Pl. hendei* Cless. von Hongkong, Süd-China und Hainan am nächsten, unterscheidet sich aber dadurch, daß die Schale oben und unten etwa gleichmäßig vertieft ist, während bei *Pl. hendei* die Unterseite eine stärkere Aushöhlung zeigt. Auch hat die Peripherie keine Spur von Kante, und die Mündung ist weniger schief.

Fam. **Melaniidae.**

84. *Melania (Striatella) turriculus* Lea.
Inopacan (Quadras).

85. *Melania (Stenomelania) cincta* Lea.
Inopacan (Quadras).

86. *Melania (Melanoides) dactylus* Lea.
Maasin (Quadras).

Fam. **Assimineidae.**

87. *Assiminea breviculu* Pfr.
Leyte (Koch).

88. *Assiminea semilirata* Bttgr. (Taf. IV. Fig. 1. 1a—c).

Boettger, N. Bl. D. M. G. 1893 (im Druck).

Leyte (Koch).

Von Quadras auch auf Marinduque (Boac). Sibuyan und Mindanao (Balingasac) gesammelt.

89. *Assiminea nitida* Pease.

Limansaua (Quadras).

Fam. **Cyclophoridae.**

Subfam. *Cyclotinae.*

90. *Cyathopoma (Jerdonia) pyramidatum* n. sp. (Taf. IV. Fig. 2. 2a—c).

T. peranguste perforata, turrito-pyramidata, subtilissime striatula et lineis spiralibus microscopicis decussata, opaca, griseo-cornea; spira regulariter conico-turrita, apice obtusulo, glabro, albo, nitente. Anfractus 5 perconvexi, sutura profunda discreti. Apertura fere verticalis, subcircularis; peristoma simplex, subacutum.

Diam. 1,6, alt. 2,2 mm.

Bato (Koch). Macrohon. Camanaugag bei Palo. Tubasan bei Inopacan, Magonbagon und Tabog bei Tacloban (Quadras), also wohl über ganz Leyte verbreitet.

Von *C. (Jerdonia) philippinense* m. durch die getürmte Gestalt sehr verschieden.

91. *Cyclotus (Platyrhaphe) pusillus* Sow. var. *nana* Nev.

Macrohon. Iba bei Malitbog (Quadras).

92. *Cyclotus (Pseudocyclophorus) leytensis* v. Mlldff. (Taf. IV. Fig. 3a—c).

v. Mlldff. N. Bl. D. M. G. 1890 p. 206.

Bato (Koch).

Leider hat Quadras diese interessante Art nicht wieder aufgefunden und auch Koch kein weiteres Material erlangt, so daß wir den Deckel noch nicht kennen. Doch hege ich keinerlei Zweifel, daß sie zu *Pseudocyclophorus* (*Cycloti marmorati* v. Mart.) gehört.

93. *Cyclotus (Eucyclotus) caroli* Kob.

Kobelt. Landdeckelschn. Phil. p. 8, t. 1 f. 8.

Diese über Bohol, Siquijor, Cebu, den Norden von Mindanao und Catanduanes verbreitete Art erstreckt sich auch auf Leyte und Panaon, trifft aber hier mit *C. auriculatus* Kob. zusammen, und zwar so, daß man bei einzelnen Lokalformen schwanken kann, zu welcher der beiden Arten man sie rechnen soll. Alle *Eucyclotus*-Formen der Philippinen sind sichtlich Vertretungsrassen eines Typus, und in der That scheint sie Pfeiffer alle unter *C. variegatus* Swains. zusammengefaßt zu haben. Seine Abbildungen (Chemn. ed. II. Cyclostoma t. 22, f. 6—16) gehören größtenteils zu *C. caroli*, wie auch die von ihm gegebenen Dimensionen, $20\frac{1}{2} : 6\frac{1}{2}$ mm, auf diese kleinere Art hinweisen. Mit Kobelt bin ich aber der Ansicht, daß sich diese Formen spezifisch scheiden lassen, wenn auch die Unterschiede, Größe, Nabelweite und die Ausbildung des Öhrchens am oberen Mundsaum, mehr gradueller Natur sind, weil nämlich auch Unterschiede am Deckel bestehen. Wie Kobelt beschränke ich den Swainson'schen Namen — eine Originalbeschreibung kenne ich nicht — auf die große, weitgenabelte Art mit deutlichem, großem, aber wenig konkavem Öhrchen (Kob. l. c., t. 1, f. 5), welche ich von den Inseln südlich von Mindanao, in einer noch größeren Varietät (var. *grandis* m.) von den Sulu-Inseln, sowie von einer kleinen Insel an der Küste von Panay kenne. Die Lücke zwischen diesen Fundorten wird sich später wohl ausfüllen lassen, da wir vom westlichen Mindanao noch wenig kennen. Auf der Insel Paragua entdeckte Dr. Platen den schönen *C. euzonus* Dohrn, der diesem echten *C. variegatus* außerordentlich nahesteht; seine auffallende Zeichnung ist fast der einzige Unterschied. Von Mindoro und Negros, den beiden westlich und östlich an Panay angrenzenden Inseln, haben wir noch keinen Vertreter der Gruppe.

Von diesem Typus unterscheidet sich *C. caroli* scharf genug durch die geringere Größe, das etwas höhere Gewinde, das wenig ausgebreitete Peristom und die in typischen Stücken sehr schwache Öhrchenbildung. Hierzu kommt noch ein Unterschied am Deckel, welcher nicht, wie Kobelt sagt, völlig typisch ist, sondern an frischen Stücken deutlich vorspringende Windungsränder, schärfere Rippenstreifung der Windungen und Verlängerung der Streifen in bröckliche, blättrige Lamellen zeigt. Bei

C. rariegatus ist der Deckel nur schwach gestreift, die Querstreifen zeigen keine Spur von solcher Bildung, und die Windungsränder treten kaum hervor, so daß die Außenseite eine fast glatte flache Mulde bildet.

Dagegen zeigt dieselbe Deckelbildung, nur noch in verstärktem Maße, *C. auriculatus* Kob. (vergl. Kob. l. c. t. I. f. 6ª), der sich auch sonst in Größe, Gestalt und Färbung eng an *C. caroli* anschließt. Nur die Öhrchenbildung ist auffallend verschieden: dasselbe ist schmäler aber höher als bei *rariegatus*, unten zusammengebogen und fast ein Röhrchen bildend. Trotz dieses stark abweichenden Charakters gehören *C. auriculatus* und *caroli* näher zusammen, was grade durch die auf Leyte gesammelten Übergangsformen bestätigt wird, während wir Übergänge von *C. rariegatus* zu *caroli* oder zu *auriculatus* bis jetzt nicht gefunden haben. Schon die Formen von Cebu und Siquijor zeigen etwas stärkere Öhrchenbildung als der Typus von Bohol, noch mehr aber die von Koch und Quadras in Südwest-Leyte und auf Panaon gesammelten, welche ich abtrenne als

var. *subauriculata* n.

Bato, Biliran bei Malitbog, Macrohon. Auch die auf Nord-Mindanao (Talisayan, Mainit) lebende Rasse gehört zu dieser Varietät. Dagegen sind die übrigen auf Leyte vorkommenden *Eucyeloti* unbedingt schon zur folgenden Art zu stellen.

94. *Cyclotus (Eucyclotus) auriculatus* Kob.

Kobelt. l. c. p. 6. t. I. f. 6.

var. *deflexa* n.

Differt a typo anfractu ultimo longius et magis deflexo, sinulo auriculato retrorsum magis producto.

Leyte: Cogoncogon bei Tacloban, zwischen Ormoc und Jaro, Tubasan bei Inopacan, Mabuyoc und Pagbanangan bei Baybay, Camanangae bei Palo, Hinayangan (Quadras).

Samar: Calbayoc (Gutmann).

Durch das kräftig entwickelte Öhrchen und die Deckelbildung gehört diese auf den Norden, Osten und Südosten der Insel beschränkte Rasse zu *C. auriculatus*, von dem sie sich durch länger und stärker herabgebogenen letzten Umgang und durch den weiter nach hinten verlängerten Mündungskanal unterscheidet. Die blattartige Verlängerung der Rippenstreifen des Deckels, welche schon Kobelt richtig hervorhebt, aber nicht ganz treffend eine callöse Wucherung nennt, ist ebenso extrem entwickelt wie beim Typus; oft lassen diese sich schräg über-einanderlegenden Lamellen nur in der Mitte eine Öffnung frei, so daß der Deckel viel konkaver erscheint, als er nach Ab-blätterung der Lamellen ist. Wie erwähnt, fehlt diese Bildung auch bei *C. caroli* nicht, ist aber nie ganz so stark. Da nun in der Öhrchenbildung durch die obenerwähnte var. *subauriculata* ein Übergang gegeben ist, so ist *C. auriculatus* wahrscheinlich nur als ein überbildeter *C. caroli* zu betrachten. Den Typus fand Semper in Ost-Mindanao, wo ihn auch Koch bei Bislig sammelte, sowie auf Siargao; da bei Mainit schon *C. caroli* var. *subauri-culata* gefunden wurde, so werden sich wahrscheinlich in Nordost-Mindanao noch weitere Zwischenglieder entdecken lassen.

Subfam. *Cyclophorinae*.

95. *Ditropis decollata* n. sp. (Taf. IV. Fig. 4, 4a—c).

T. aperte et subcylindrice umbilicata, umbilico $\frac{2}{5}$ diametri aequante, subturbinata, solidula, alba, cuticula flava nitente induta. Spira convexo-conoidea, apice eroso, foramine denuo processu globoso clauso. Anfractus qui supersunt 3 angulatim convexi, ad suturam sat profundam marginatam planulati, cari-nulis 2, infera ad peripheriam valde exserta et acuta cincti, in interstitiis lineis spiralibus elevatis decussati, ultimus antice brevissime descendens, circa umbilicum pervium carinula tertia valde exserta munitus. Apertura diagonalis, irregulariter tetra-gona; peristoma valde sinuosum, incrassatum, multiplex, basi ad carinam umbilicalem angulatim protractum.

Diam. 3, alt. 2—2,25 mm.

Hab. ad vicum Macrohon in parte meridionali insulae Leyte, leg. cl. J. Quadras.

Von *D. ebnuana* v. Mlldff. (Jahresb. Senckenb. 1890 p. 270. t. IX. f. 8) durch den oberen Kiel, die an der Naht abgeflachten Windungen, den stärkeren Peripherie- und den bei *D. ebnuana* fast ganz fehlenden Nabelkiel sehr verschieden. Die Decollierung scheint Regel zu sein; wenigstens ist sie bei den drei vorliegenden Stücken vorhanden.

Durch die Entdeckung von drei *Ditropis*-Arten auf den Molukken (Boettger, Jahresb. Senckenb. 1891 p. 292 ff.) erweitert sich das Verbreitungsgebiet dieser interessanten Gattung nach Südosten hin beträchtlich. Wenn *Cyclophorus whitei* Braz. von Fitzroy Island in der That eine *Ditropis* ist, wie der Autor will, und wie es nach der Diagnose den Anschein hat, so würde sie bis nach Australien verbreitet sein. Dagegen bleibt nach Westen die Lücke zwischen den Philippinen und Vorderindien noch klaffend, da auch die neueren Forschungen auf Java *) und Borneo keine *Ditropis* für Indonesien ergeben haben. Ich glaube aber bestimmt, daß Vertreter der Gattung auf der Halbinsel von Hinterindien der Entdeckung harren.

96. *Ditropis condina* n. sp. (Taf. IV, Fig. 5, 5a—c).

T. modice sed perspective umbilicata, globoso-conica, solidula, transverse vix striatula, lineis spiralibus minutissimis valde confertis decussata, olivacea, sericina; spira valde elevata, conica, apice? (eroso). Anfractus qui exstant 4 convexi ad suturam profundissimam peculiariter applanati, squamoso-plicatuli, ultimus ad aperturam subcampanulatus, basi subplanatus, circa umbilicum carina forti bene exserta cinctus. Apertura modice obliqua, cordiformis; peristoma haud expansum nec reflexum, intus albolabiatum, margine supero sinuoso, angulatim protracto, infero cum columellari valde recedente angulum distinctum formante.

Diam. maj. 2,25, alt. 2,25 mm.

Hab. in monte Camanangae prope vicum Palo insulae Leyte, specimen unicum leg. cl. J. Quadras.

Von der vorigen Art durch das höhere Gewinde, die fehlenden Kiele, außer dem um den Nabel, welcher noch stärker ist, und die Form der Mündung sehr verschieden. Dagegen steht sie einer anderen Art von Tuburan auf Cebu näher, welche ich bei dieser Gelegenheit publizieren will:

Ditropis pyramidata n. sp. (Taf. IV, Fig. 6, 6a—c).

T. late, perspective et subcylindrice umbilicata, globoso-pyramidata, solidula, subpellucens, tenuissime striatula, non

---

*) H. Fruhstorfer hat mir ganz neuerdings eine neue Art aus Java in einem Stücke eingesandt. Boettger.

decussata, subnitens, flavescens; spira subregulariter conica, lateribus convexiusculis, apice mammillari, plerumque eroso. Anfr. 6 convexi, sutura filiformi discreti, ultimus ad peripheriam confuse angulatus, basi planiusculus, circa umbilicum compressus, carina acuta, valde exserta, usque ad peristoma producta carinatus. Apertura diagonalis, irregulariter rotundato - tetragona; peristoma rectum, incrassatum, quasi multiplicatum, margo superus ab insertione curvatim protractus, tum recedens bene curvatus, basalis ad carinam umbilicalem angulatim protractus, columellaris profunde sinuatus, callo crasso ad insertionem marginis superi exciso cum supero junctus.

Diam. 3—3,2, alt. 2,9—3 mm.

Ditropis cebuana v. Mlldff. var. *secunda* v. Mlldff.

v. Mlldff., Jahresb. Senckenb. 1890 p. 270 (juv.).

Hab. ad vicum Tuburan insulae Cebu, leg. cl. O. Koch.

Eine Anzahl erwachsener Exemplare belehrte mich, daß die Form, welche ich früher als var. *secunda* zu meiner *D. cebuana* stellen wollte, den Jugendzustand einer ganz verschiedenen Art darstellt. Die jungen Stücke haben einen Peripheriekiel, welcher als Nahtriefe sichtbar bleibt, aber auf dem letzten Umgang gänzlich verschwindet. Hauptunterschiede von *D. cebuana* sind die Höhe des Gewindes und der scharf vorspringende Nabelkiel. Da auch jüngere Stücke schon einen innen verdickten Mundsaum bilden, welcher beim Weiterwachsen wieder aufgelöst wird, so ist es mitunter schwer zu wissen, ob ein Exemplar ausgewachsen ist; das sicherste Kennzeichen ist die Verbindungsschwiele auf der Wand. Die Form von Tuburan ist daher von *D. cebuana* artlich zu trennen; sie bildet das Pendant zu *D. conulina*, wie *cebuana* das zu *decollata*. Von der Leyte - Form scheidet sie der Mangel der Spiralskulptur, der viel weitere Nabel, die etwas gewölbten Seiten des Gewindes, die durch den Kiel der jüngeren Windungen deutlich gerandete Naht, welche bei *D. conulina* tiefer, mehr abgeflacht und schuppig gefältelt ist, und die deutlicher gewinkelte Mündung.

97. *Ditropis corniculum* n. sp.

T. tubiformis, anfractibus a nucleo solutis curvam spiralem formantibus, tenuis, albida, laevigata. Anfr. 3, primi 1½ apicem laevigatum valde obliquum formantes, tum omnino soluti, vix striatuli, carinis 4 valde prominentibus cincti. Apertura sat obliqua, irregulariter pentagona; peristoma?

Diam. 2,5, alt. vix 1 mm.

Hab. ad vicum Angay insulae Leyte, leg. cl. J. Quadras.

Ein Seitenstück zu *Ditropis mira* m. von Siquijor und *D. spiralis* Bttgr. von Amboina und zu den freigewundenen *Cyathopoma*-Arten, *C. aries* m. und *corun* m., für welche Crosse (J. de Conch. 1891 p. 49) die Untergattung *Balambania* errichtet hat. Ich bin nicht der Ansicht, daß diese außergewöhnliche Art der Aufwindung bei Gattungen, bei welchen die Verbindung der Windungen ohnehin eine lose ist und das Lostreten der letzten Windung häufig vorkommt, uns berechtigt, neue generische Abteilungen aufzustellen. *Balambania* Crosse teilt mit *Jerdonia* alle Eigenschaften der Schalenstruktur und Skulptur, des Deckels etc., und die Ablösung der Windungen wird nichts weiter sein als eine konstant gewordene Deformität, welche spezifischer, aber nicht generischer Charakter ist. Wir haben in Europa ein Analogon in *Patula chorismenostoma* Bl. West., welche als eine Art oder Rasse gewordene Deformität von *P. rupestris* zu betrachten ist; niemand würde daran denken, sie zum Typus einer eigenen Sektion zu erheben. Ähnlich steht es mit *Ditropis;* hier haben wir sogar die schönsten Übergänge. *D. ingenua* Bttgr. zeigt die oberen Windungen gelöst, die unteren wieder verbunden. *D. cornicalum* hat die Nucleuswindungen noch zusammenhängend, die übrigen frei. *D. spiralis* und *mira* sind von Anfang an ganz frei gewunden. Wie soll man da generisch oder subgenerisch trennen?

Das einzige Stück, welches Quadras fand, ist noch jung, so daß der Mundsaum nicht beschrieben werden kann; es ist weißlich, aber sichtlich abgerieben, so daß auch hier die charakteristische gelbe Cuticula nicht fehlen wird.

98. *Cyclophorus validus* Sow.

Cyclostoma validum Sow., P. Z. S. 1842 p. 82; Ptr. in Chemn. ed. II. Cyclost. p. 89, t. XI. f. 9, 10 quon t. XVI. f. 15, 16. — *Cyclophorus validus* Ptr., Mon. Pneum. p. 77; Hidalgo, J. de Conch. 1888 p. 64. *Cyclophorus linguiferus* Kobelt, Landdeckelschn. Phil. p. 15 (ex parte), t. 1. f. 3, 4, 1, 11, f. 9, 10; *Cyclophorus validus* Kobelt l. c. p. 14 (ex parte), t. 1. f. 1, 2.

Hidalgo hat darin Recht, daß Kobelt die beiden sehr nahestehenden Arten, *C. validus* und *linguiferus*, insofern verwechselt hat, als er auf t. II. f. 1—3 den typischen *C. linguiferus* von Bohol als *validus* abbildet, während er umgekehrt einige zu *validus* gehörige Formen zu *linguiferus* rechnet. Auch darin möchte ich Hidalgo beistimmen, daß er, wie Reeve vorschlägt, *C. linguiferus* nur als Varietät von *validus* betrachten will. Typische Formen beider Rassen scheinen allerdings gut geschieden; *C. validus* ist größer, hat ein niedrigeres Gewinde, offenen Nabel, lebhaftere Färbung und deutlichere Spiralskulptur. Bei *C. linguiferus* ist der enge Nabel meist gänzlich durch die anliegende Spindelplatte des Mundsaums geschlossen, das Gewinde hochkonisch, die Skulptur meist abgeschwächt, die Färbung dunkler und weniger Flecken zeigend. Es finden sich aber Formen, bei denen diese graduellen Unterschiede sich allmählich verwischen, so daß man schwanken kann, ob sie zu der einen oder der anderen Art zu rechnen sind. Hierfür sind ganz besonders die auf Leyte vorkommenden Formen instruktiv. Neben typischem *C. validus* vom Norden der Insel treten im Südwesten kleinere Formen auf, welche zwar noch den offenen Nabel des Typus zeigen, aber durch höheres Gewinde, die verschwimmende Fleckenzeichnung und die abgeschwächte Skulptur sehr nahe an *C. linguiferus* herantreten. Auf der benachbarten Insel Samar scheint ein ähnliches Verhältnis zu bestehen; wenigstens zitieren v. Martens und Hidalgo den Fundort Loquilocon für *C. validus*, während ich von Calbayoc hohe Formen mit fast ganz geschlossenem Nabel, also typischen *C. linguiferus* erhielt. In Nord- und Ost-Mindanao scheint dagegen nur *C. validus* zu leben. Hiernach stellt sich die Verbreitung beider Rassen wie folgt:

C. validus Sow. typ.

Higaquit, Placer, Oberer Butuan, Lianga, Hinatuan, Bislig, alle auf Mindanao (Semper, Quadras, Koch, Roebelen); Campagal bei Jaro, Alang-alang, Ormoc auf Leyte (Quadras); Loquilocon auf Samar (Jagor, Micholitz).

var. *elevata* v. Mlldff.

Maasin (Koch, Quadras), Mabuyoc, Tubasan, Inopacan, Pacbanganan (Quadras), alle auf Leyte.

var. *linguifera* Sow. (an subspec.?).

Bohol (Cuming, Semper, Koch); Calbayoc auf Samar (Gutmann).

99. *Cyclophorus leucostoma* Pfr.

T. sat aperte umbilicata, depresso-turbinata, solida, oblique confertissime striata et liris permultis obtusis spiralibus, quarum nonnullae majores, carinuliformes, sculpta, costulis membranaceis deciduis in carinulis in pilos breves rigidos elevatis fasciatim hirsuta, castaneo-fusca, strigis flavidis flammulatis subregulariter picta; spira depresso-turbinata, apice obtusulo. Anfr. 4½ convexi, ad suturam sat profundam subplanati; apertura parum obliqua, subcircularis, intus alba; peristoma parum expansum, incrassatum, saepe multiplicatum, marginibus superne subangulatim junctis, columellari parum dilatato, patente. Operculum normale.

Diam. maj. 29, alt. 22, apert. diam. c. perist. 15 mm.

Cyclostoma leucostomum Pfr., Chemn. ed. II, Cyclost. p. 372, t. 48, f. 14— 16.
— *Cyclophorus leucostomus* Pfr., Mon. Pneum. p. 73. — *Cyclophorus leucostoma* Hidalgo, J. de Conch. 1888 p. 66. — *Cyclophorus tigrinus* Kob., l. c. p. 16 (ex parte, t. II, f. 6.

Hab. Tabuntug, Bohol (Semper): Balagnan, Cayauan, Taganaan, Placer, Nord-Mindanao (Quadras); Menoiho bei Cabalian, Malirun bei Palo, Pacbanganan bei Baybay, alle auf Leyte; Insel Panaon (Quadras).

Hidalgo hat den nach Fundort bisher unbekannten *C. leucostoma* Pfr. richtig in dieser auf den Süden der Philippinen beschränkten Art wiedererkannt. Die Diagnose paßt genau; die sehr mißlungene Abbildung im Chemnitz stellt sichtlich ein nicht ganz erwachsenes Exemplar dar. Auch darin hat er Recht, daß eine der von Kobelt als *C. tigrinus* abgebildeten Formen zu unsrer Art zu stellen ist. In der That gehört *C. leucostoma* zum engeren Formenkreis von *C. tigrinus*, einerseits wegen der ziemlich regelmäßigen Zickzackflecken, andrerseits wegen der häutigen Skulptur; er unterscheidet sich durch den weiteren Nabel, das niedrige Gewinde, die weniger hervortretenden Spiralkiele und den Mangel einer Spindelplatte am Mundsaum. Die eigentümliche Bedeckung mit bündelweise zusammentretenden Rippchen einer gelblichen hornartigen Membran.

welche sich auf den Spiralkielen zu kurzen, starren Borsten verlängert, ist bei alten Stücken oft fast ganz abgerieben; doch sind stets Spuren davon zu sehen. Bei jüngeren, wenn auch schon erwachsenen Exemplaren ist sie meist gut entwickelt; ganz besonders schön zeigen dieselbe die von Quadras auf Panaon gesammelten, durchschnittlich etwas kleineren Formen, welche an *Spiraculum hispidum* oder *Scabrina hirsuta* v. Mlldff. (von Hainan) erinnern.

Es darf wohl mit Sicherheit angenommen werden, daß der angebliche *C. tigrinus*, den Cuming auf Leyte gesammelt haben soll, ein *C. leucostoma* war.

100. *Cyclophorus acutemarginatus* (Sow.).

Kobelt, l. c. p. 17, t. III, f 1—3, 7—9 (non 10—13, an 4—6?); Hidalgo, J. de Conch. 1888 p. 76.

Leyte: Mabuyoc und Pacbanganan bei Baybay, Campagal bei Jaro (Quadras).

Sonst von Samar, Siargao und Mindanao bekannt.

Wie Hidalgo richtig bemerkt, hat Kobelt diese Art gegen den allerdings sehr nahe verwandten *C. lingulatus* Sow. nicht scharf genug abgegrenzt, wenigstens rechne ich die Form von Bohol (f. 10—12) entschieden zur letzteren Art, was auch geographisch besser stimmt. Fig. 4—6 bleiben mir noch zweifelhaft: sie könnten zu *C. bustoi* Hid., den ich gegenüber Dohrns Meinung (N. Bl. D. M. G. 1889 p. 56) für eine gut geschiedene Lokalrasse halte, gehören. Fig. 13 scheint mir eine gedrückte Form von *C. alabatensis* Kob. darzustellen. Alle diese Rassen sind wieder vikariierende Formen eines Typus, als welchen man *C. lingulatus* Sow. betrachten kann. Er kommt typisch auf Bohol, Siquijor und Cebu vor: auf letzterer Insel treten zwei Varietäten hinzu: die eine mit schärferer Kante und gedrückterem Gewinde (var. *depressa* m.) nähert sich *acutemarginatus*, die andere mit abgeschwächter Spiralskulptur und fast gerundeter Peripherie ist var. *semperi* Kob. Auf Nordost-Mindanao finden wir *C. bustoi* Hid., der als Mittelglied zwischen *lingulatus* und *acutemarginatus* betrachtet werden kann: letzterer tritt typisch in Ost-Mindanao auf und erstreckt sich dann nach Norden über Siargao und Leyte bis Samar. Auf der Südost-

halbinsel von Luzon setzt dann *C. alabatensis* ein, dessen Verbreitung bis zum östlichen Mittelluzon reicht; er kommt auch
auf den Küsteninseln Alabat, Polillo und Catanduanes vor.
Nach Westen scheint die Gruppe zu fehlen; wenigstens haben
wir noch keinen Vertreter von Negros, Guimaras, Panay,
Mindoro und Paragua. Nur auf den Calamianes entdeckte
Quadras eine schöne neue Art, die Hidalgo noch unbeschrieben
gelassen hat.

Quadras fand ein lebendes Stück auf einem Baume. Hierdurch bildet *C. acutemarginatus*, wie nach der dünnen Schale,
auch biologisch einen Übergang von *Cyclophorus* (Erdschnecken)
zu *Leptopoma* (Baumschnecken), wie ihn denn auch Pfeiffer zu
Leptopoma stellen wollte. Doch ist er wegen der nahen Verwandtschaft mit *C. lingulatus* nicht von *Cyclophorus* zu trennen.

101. *Cyclophorus sowerbyi* Hid. var. *solida* v. Mlldff.

v. Mlldff., Jahresb. Senckenb. 1890 p. 272.

Maasin (Koch), Macrohon, Inopacan, auch Insel Panaon
(Quadras). Am letztgenannten Fundort etwas kleiner und zum
Typus übergehend.

102. *Lagochilus grande* v. Mlldff. (Taf. IV, Fig. 7, 7a).

T. pro genere late umbilicata, turbinata, tenuiuscula,
corneo-fusca, basi obscurior, strigis flammulatis flavidis ad
suturam regularibus, subtus interdum confluentibus picta, brevissime pilosa; spira regulariter depresso-conica; apex acutulus.
Anfractus 6 perconvexi, liris spiralibus valde confertis validius-
culis, quarum 2 ad peripheriam fortiores seriem pilorum longius-
culorum gerentes, et striis transversis sculpti, ultimus antice sat
descendens, ad umbilicum pervium sensim excavatus. Apertura
sat obliqua subcircularis; peristoma duplex, internum continuum
parum expansum, superne breviter excisum, externum paullum
expansum, haud reflexum, margine externo ad insertionem
brevissime recedente. Operculum corneum, tenue, vix concavum.

Diam. 13.5, alt. 11 mm.

Lagochilus grande v. Mlldff., N. Bl. D. M. G. 1890 p. 207.

Hab. ad vicum Bato insulae Leyte, leg. cl. O. Koch, nec
non in plurimis locis ejusdem insulae, leg. cl. J. Quadras.

Quadras hat diese zuerst bei Bato entdeckte Art an zahlreichen Punkten der Insel gesammelt: in Macrohon. Busay bei
Maasin. Malitbog und Biliran. Matalon. Pagbanganan bei Baybay. Mte. Bontoc bei Hindang. Menoiho bei Cabalian und Tubasan bei Inopacan. Frisch ist die Schale kurz behaart: auf den
beiden stärkeren Kielen an der Peripherie ist je ein Kranz von
längeren Haaren. Bei erwachsenen Stücken ist der Mundsaum
deutlich doppelt und zeigt den charakteristischen Schlitz an der
oberen Ecke.

Die nächste Verwandte ist *Cyclostoma helicoides* Sow.
(P. Z. S. 1843 p. 65 = *Cyclostoma turbinatum* Pfr., Z. f. M. 1846
p. 38. *Cyclophorus turbinatus* Pfr., Mon. Pneum. p. 75) von Bohol,
welches jedenfalls ein *Lagochilus* ist und daher den Sowerby'schen
Namen behalten kann, da *helicoides* Grat., wegen dessen Pfeiffer
den Namen änderte, zu *Leptopoma* gehört. Kobelt scheint diese
Art übersehen zu haben: sein *C. umbilicatus* von Bohol dürfte
der Sowerby'schen Art sehr nahe stehen und höchstens als
Varietät derselben zu betrachten sein. Von der Leyte - Art
unterscheiden sie sich durch die Kantung der Peripherie, das
Fehlen des oberen Spiralkielchens und das jähe Abbrechen der
Basis zum Nabel, wodurch der letztere fast cylindrisch wird.
Die Behaarung wird bei frischen Stücken den Formen von
Bohol nicht fehlen.

103. *Lagochilus parvum* (Sow.)

v. Mlldff., Mal. Bl. N. F. X p. 147.

Tigbao bei Tacloban (Quadras).

Cebu. Panay.

104. *Lagochilus concolor* n. sp. (Taf. IV. Fig. 8. 8a).

T. perforata, elate turbinata, tenuis, subtiliter striatula,
costulis membranaceis, valde deciduis induta, carinulis numerosis,
2 ad peripheriam majoribus pilos longiusculos valde deciduos
gerentibus cincta, unicolor brunnea. Spira regulariter conica
apice acuto. Anfr. 5 convexi, sutura profunda discreti, medio
applanati. Apertura valde obliqua, circularis: peristoma simplex,
vix expansum, ad insertionem excisum, angulum fere rimae-
formem formans.

Diam. $4^3/_4$, alt. 4 mm.

Hab. in insula Limansaua nec non ad vicum Tamu-layang insulae Leyte, leg. cl. J. Quadras.

Eine nähere Verwandte dieser kleinen Art ist mir nicht bekannt.

105. *Leptopoma vitreum* (Less.).

v. Mlldff., Jahresb. Senckenb. 1890 p. 275.

Südwest-Leyte (Koch), Tacloban (Quadras).

Wie schon in meinem Aufsatz über Cebu auseinander-gesetzt, haben die philippinischen Formen dieser Art viel Gemeinsames und sollten als eigene Rasse einen Varietätnamen erhalten. Hierfür schlägt Boettger (Jahresb. Senck. 1891 p. 291) var. *lactea* Kob. vor, womit ich mich nicht einverstanden erklären kann. Kobelt benannte mit diesem Namen allerdings ein echtes *L. vitreum*, welches er aber für eine Form von *L. pellucidum* hielt und wegen der reinweißen Farbe besonders bezeichnen wollte. Die Färbung ist nun aber zur Abzweigung von Varie-täten absolut nicht verwendbar, rein weiße, braungestriemte und gefleckte Formen kommen an jedem Fundorte durchein-ander vor, und es würde doch seltsam klingen eine bunte Form var. *lactea* zu nennen. Die gestriemten Formen bilden *L. niti-dum* Sow., wenigstens nach Reeve (Lept. t. III, f. 15ᵃ), aber auch dieser Name ist nicht verwendbar, weil er ebenfalls nur eine Farbenspielart bedeutet. Ich schlage daher für das philippinische *L. vitreum* den Namen var. *eurystoma* n. vor. Unterschiede sind das größere Gehäuse, die auch verhältnismäßig größere Mündung und das breite, namentlich nach rechts mehr ausladende Peristom. Die bis jetzt bekannten Fundorte sind:

Samboanga und Cottabato auf Mindanao, Leyte, Samar, Cebu und Agojo, Guimaras, Panay, Sibuyan, Tablas, Mindoro, Paragua, Südost-Luzon und Catanduanes.

Auffallenderweise ist *L. vitreum* in Mittel- und Nord-Luzon noch nicht gefunden worden, während es in Südformosa wieder auftritt. Wenigstens muß ich meinen Freunden Boettger und Schmacker Recht geben, welche mein *L. tairanicum* jetzt glatt zu *vitreum* stellen (N. Bl. D. M. G. 1891 p. 190). Zu meiner Entschuldigung will ich nur anführen, daß ich damals weder typische, noch philippinische Formen von *L. vitreum* vergleichen

konnte; die Exemplare von den Molukken, welche ich als
L. vitreum von Herrn v. Martens erhalten hatte, gehörten zu
der folgenden Art. Mit diesen verglichen war die Formosa-
Form entschieden artberechtigt.

106. *Leptopoma concinnum* (Sow.).

Cyclostoma concinnum Sowerby, P. Z. S. 1843 p. 61. — *Cycl. perlucidum*
Pfr. in Chemn. ed. II, No. 11, p. 19, t. II, f. 8—10, t. XVI, f. 8 (non Grateloup).
— *Leptopoma perlucidum* Pfr., Mon. Pneum. p. 103. — *Leptopoma pellucidum*
Reeve, Lept., t. V, f. 27 a, b; Kobelt, Landdeckelschn. Phil. p. 40, t. VI, f. 1—5,
9—12 (non f. 6—8); v. Mlldff., Jahresb. Senckenb. 1890 p. 290. — *L. vitreum*
var. *concinna* Hid., J. de Conch. 1888 p. 92. — *L. cinctellum* Pfr., Mon. Pneum.
Suppl. II p. 80; Reeve, Lept., t. IV, f. 23.

Leyte: Maasin und Bato (Koch), Macrohon, Tagbag, Biliran,
Mabuyoc, Pagbanganan, Malirung, Camanangag, Tubasau, Angay,
Magonbagon, Tigbao, auch Insel Panaon (Quadras).

Sonstige Verbreitung: Mindanao, Masbate, Catanduanes,
Molukken.

Über die unzweifelhafte Artgültigkeit dieses *Leptopoma*
neben *L. vitreum* habe ich mich a. a. O. ausgesprochen; sie wird
ganz besonders durch das Zusammenleben beider auf Leyte
bestätigt. Ordnet man z. B. die Exemplare eines Fundorts
nach der Färbung und Zeichnung, so findet man, daß alle senkrecht gestriemten einen tiefen Spindelausschnitt, alle spiral-
gebänderten eine nur flach gebuchtete Spindel aufweisen. Umgekehrt nach der Spindelbildung sortiert, fallen alle spiralge-
bänderten Stücke unter die mit flachem Ausschnitt u. s. w.
Kann daher über die Selbständigkeit der beiden Arten kein
Zweifel bestehen, so ist die Frage, welchen Namen die gewöhnlich als *L. pellucidum* Grat. aufgefaßte zu führen hat, keine ganz
leichte. Die Abbildung von *Cyclostoma perlucida* Grateloup
(Act. Soc. Linn. Bord. V p. 442, t. III, f. 13), welche ich in-
zwischen habe vergleichen können, stellt meines Erachtens ein
typisches *L. vitreum* vor, wenn auch der Hauptcharakter, die
Spindelbildung, nicht ersichtlich ist. So hohe, einfarbige, schwach-
skulptierte Formen sind mir von der Art, welche wir seit
Pfeiffer *L. pellucidum* zu nennen gewohnt sind, nie vorgekommen; dagegen deckt sich die Abbildung völlig mit der
philippinischen Rasse von *L. vitreum*. Der Grateloup'sche Name

ist daher als Synonym von *L. vitreum* zu betrachten. wie der Autor selbst andeutet. Daß *L. cinctellum* Pfr. identisch mit unserer Art ist. glaube ich nach der Beschreibung und Abbildung. sowie nach Exemplaren vom Originalfundort Ternate mit Bestimmtheit versichern zu können. Aber noch älter ist der Sowerby'sche Name. *L. concinnum*. der seit Pfeiffer auf unsre Art bezogen wird. und zwar. wie ich glaube. mit Recht. da Sowerby, dessen Abbildung ich nicht vergleichen kann, ausdrücklich die charakteristischen Spiralbinden hervorhebt. Hidalgo bemerkt allerdings (J. de Conch. 1888 p. 94), daß Sowerby's Beschreibungen seines *L. nitidum* und *concinnum* fast Wort für Wort identisch seien: aber wenn dieselben auch unvollständig sind und namentlich die wichtigen Kennzeichen der Mündung nicht herausheben. so ergiebt sich doch, daß Sowerby die beiden Arten richtig geschieden hatte und unter *nitidum* die senkrecht gestriemten. unter *concinnum* die gebänderten Formen verstand. Ich glaube deshalb den Sowerby'schen Namen annehmen zu sollen.

Meine Varietät *pusilla* (Jahresb. Senckenb. 1890 p. 377) von Cebu und Panay bin ich jetzt geneigt für eine eigene Art zu halten: doch ist mein Material noch zu schwach. um endgültig zu entscheiden. Hierzu gehört eine winzige Form von Campagal bei Jaro auf Leyte. von welcher Quadras nur ein ausgebildetes Stück fand: diam. $7\frac{1}{2}$, alt. 7 mm. Es ist gelblichweiß mit ziemlich unregelmäßigen Fleckenreihen. die Spiralkielchen sind bis zur Mündung sehr ausgeprägt, Ausschnitt und Buchtung der Spindel mäßig. Die Form würde bei Selbständigkeit von *L. pusillum* als var. *nana* zu demselben zu rechnen sein.

107. *Leptopoma quadrasi* n. sp. (Taf. IV. Fig. 9. 9a).

T. peranguste perforata, conico-globosa. tennis. subpellucida. transverse confertim striatula. lineis spiralibus valde confertis decussata, pilis brevissimis confertis hirsuta. carinulis 8 parum elevatis fuscis sculpta, lutescens. strigis flammulatis interruptis picta, opaca, subsericina. Spira subregulariter conica. acuta. Anfractus 5 convexi. ultimus medio subacute angulatus. subtus inflatulus. Apertura sat obliqua. circularis: peristoma paullum expansum. nigricanti-fuscum aut purpurascens. columella brunnea, ad perforationem substricta, lateraliter modice sinuata.

Diam. 12, alt. 11.5, apert. diam. 7 mm.

Hab. inter vicos Ormoc et Jaro, nec non ad vicum Tacloban insulae Leyte, leg. cl. J. Quadras.

Diese elegante Art hat nähere Beziehungen nur zu *L. luteostoma* Pfr., welches ich kürzlich auf der Insel Guimaras wiederauffand. Sie teilt mit letzterem den lebhaft rot gefärbten Mundsaum, ist aber enger genabelt, hat eine verhältnismäßig größere Mündung, nur schwach ausgebreiteten Mundsaum und acht deutliche, bräunlich gefärbte Spiralkiele.

108. *Leptopoma helicoides* (Grat.).

Leyte (Quadras).

Scheint über den ganzen Archipel verbreitet zu sein, wenigstens besitze ich die Art von Luzon, den meisten mittleren Inseln und Mindanao.

Fam. **Diplommatinidae**.

109. *Helicomorpha quadrasi* n. sp. (Taf. IV, Fig. 10, 10a b).

T. sat late et aperte umbilicata, convexo-depressa aut globoso-conoidea, tenuis, costulis sat distantibus foliaceis — 31 in anfr. ultimo — sculpta, fulvo-cornea; spira magis minusve convexo-conoidea, apice obliquo, glabrato, fulvo. Anfractus 4½ perconvexi, sutura profunda discreti, ultimus pone aperturam paullum constrictus, tum subcampanulatus. Apertura diagonalis, circularis; peristoma multiplex, externum latiuscule expansum, ad umbilicum attenuatum, internum sat incrassatum, porrectum. Operculum tenue, corneum, subconcavum, extus processu membranaceo tubuli instar producto munitum.

Diam. 2.2, alt. 1.25 mm.

„ 2 „ „ 1.5 „ .

Hab. ad vicos Saob, Iba, Tamulayan insulae Leyte, leg. cl. J. Quadras.

Diese allerliebste kleine Entdeckung meines Freundes Quadras ist von den übrigen bis jetzt bekannten Arten der interessanten Gattung scharf geschieden durch die Verengerung etwas hinter der Mündung, die Erweiterung zu derselben und die Herabbiegung des Endes, wodurch sie ein *Alycaeus*-ähnliches

Ansehen erhält. Auch ist der Mundsaum stark ausgebreitet
und die Skulptur durch entferntstehende, blattartige Rippen
sehr ausgezeichnet. Wunderbar ist der Deckel, welcher in der
Mitte eine membranartige, röhrenförmige Verlängerung trägt.
Die Höhe wechselt etwas, wie die obigen Maße zeigen. Die
Exemplare von Saob (bei Cabalian) sind durchschnittlich etwas
kleiner als die von Iba (bei Malitbog); auch herrschen hier
höhere Formen vor. Bei Patong in der Nähe von Maasin fand
Quadras eine Varietät, welche im Allgemeinen mit dem Typus
übereinstimmt, aber engere Rippen — 48 auf dem letzten Umgang — besitzt; ich nenne sie var. *angutecostata* n.

110. *Helicomorpha appendiculata* n. sp. (Taf. IV. Fig. 11, 11a-b).

T. modice umbilicata, globoso-conoidea, tenuis, subpellucida,
alba, costulis angustis, foliaceis, valde distantibus — 20 in anfractu ultimo — in interstitiis lineis spiralibus microscopicis,
valde confertis sculpta; spira sat elevata, convexo-conoidea,
apice glabro, nitente, acutiusculo. Anfractus 4½ perconvexi,
sutura profunda discreti, ultimus antice breviter descendens.
Apertura parum obliqua, paullum coarctata, circularis; peristoma
multiplex, internum valde porrectum, externum brevissime expansum, ad umbilicum processu linguiformi patente munitum.
Operculum terminale, corneum, tenue, subconcavum, laminis
membranaceis ad medium floris instar convergentibus foramen
centrale circumdantibus munitum.

Diam. 1.5, alt. 1.4 mm.

Hab. ad vicos Macrohon et Biliran insulae Leyte,
leg. cl. J. Quadras.

In der getürmten Gestalt, auch in der Skulptur kommt
diese Art *H. turricula* m. von Cebu am nächsten, nur sind die
Rippen noch etwas weitläufiger. Auch bei der Cebu-Art zeigen
alte Stücke eine Verbreiterung des Spindelrandes, doch legt sich
die Platte des Außenrandes an die Windung an und ist durch
weitere Auflagerung der folgenden Mundsäume verdickt und
rippenstreifig. Bei *H. appendiculata* ragt die Verlängerung des
äußeren Mundsaumes, wie bei *Cyclophorus appendiculatus*, frei
in den Nabel, und die weiteren Mundsäume lagern sich nicht
auf dieselbe auf, sondern bilden einen ziemlich stark vortretenden

Ring. Der Deckel ist an sich dünn und hornig, hat aber,
ähnlich wie manche *Platyrhaphe*-Arten, z. B. *Cyclotus antho-
poma* m., lamellenartige Verlängerungen, welche nach innen geneigt eine Art Röschen bilden, in der Mitte ein Loch lassend.
Leider kenne ich den Deckel von *H. turricula* typ. noch nicht;
der der var. *globosula* m. von Siquijor zeigt zwar auch eine
Auflagerung einer schwammigen, membranartigen Substanz, die
aber nicht deutliche blumenartige Anordnung zeigt, sondern
eine fast plane Oberfläche, ebenfalls mit einem Loch in der
Mitte, bildet.

111. *Helicomorpha depressa* n. sp. (Taf. IV. Fig. 12. 12a b).

T. sat late umbilicata, globoso-depressa, tenuis, subpellucida, alba, costulis angustis — 36—38 in anfractu ultimo — et
in interstitiis lineis spiralibus microscopicis sculpta; spira de-
presse conoidea, lateribus valde convexis, apice glabro, nitente,
obtusulo. Anfractus 4 perconvexi, sutura profunda discreti,
ultimus antice breviter descendens, ad aperturam paullum coarc-
tatus. Apertura parum obliqua, circularis; peristoma duplex,
externum vix expansum, ad umbilicum haud dilatatum, internum
sat porrectum. Operculum terminale, tenue, corneum, extus
substantia membranacea alba, medio excavata incrassatum.

Diam. 1.5, alt. 1.2 mm.

Hab. ad vicos Bato, Hinayangan, Tagbag insulae
Leyte, leg. cl. O. Koch et J. Quadras.

Anfangs geneigt diese Form für eine gedrückte, weiter
genabelte, enger kostulierte Varietät von *H. turricula* zu nehmen,
habe ich mich durch weiteres Material überzeugt, daß sie als
gute Art abzutrennen ist. Die Skulptur ist ganz konstant,
ebenso die Bildung des Mundsaums, welcher nie eine Verbreiterung
des Spindelrandes aufweist. Der Deckel ist sowohl von dem der
beiden voranstehenden Arten, als auch von dem der *H. turricula*
var. *globosula* von Siquijor verschieden; auch er besitzt außen
die Auflagerung einer blättrigen weißen Substanz, die aber noch
weniger Struktur zeigt, als die der Siquijor-Rasse, und die
Öffnung in der Mitte ist nicht eng und cylindrisch, wie bei
jenen, sondern breit trichterförmig.

112. *Arinia sowerbyi* Pfr.

v. Mlldff., Jahresb. Senckenb. 1890 p. 282.

var. *holopleuris* v. Mlldff.

v. Mlldff., l. c. p. 282.

Tigbao und Tabog bei Tacloban.

var. *abnormis* n.

Differt a typo testa minore, graciliore, anfr. superis costulatis, tum costulato-striatis, penultimo glabrato, ultimo ad aperturam denuo costulato.

Long. 4, diam. $2^1/_3$—$2^1/_2$ mm.

Maasin (Koch), Mte. Bontoc bei Hindang, Mabuyoc, Macrohon, Jaro, Matalon (Quadras).

Eine kleinere Form, long. 3, diam. $2^1/_4$ mm, bei Angay und Tubasan (Quadras).

Während, wie in meinem oben zitierten Aufsatze geschildert, beim Typus und den anderen Varietäten die Änderung der Skulptur graduell von oben nach unten fortschreitet, fängt diese Varietät wie der Typus an, d. h. die oberen Windungen sind distant gerippt, die folgenden rippenstreifig, dann ist die vorletzte und die letzte bis über die Mitte glatt, aber das letzte Ende von der Verengerung bis zur Mündung wieder entschieden rippenstreifig.

113. *Arinia minutissima* v. Mlldff.

v. Mlldff., J. D. M. G. XIV. 1887 p. 248, t. VII. f. 4—4c.

Patong bei Maasin (Quadras).

Vom Typus auf Cebu nur wenig verschieden: Gesamtform, Skulptur u. s. w. ist identisch, nur die letzte Windung etwas mehr aus der Richtung, daher Mündung etwas mehr rechtsstehend und nicht senkrecht, sondern ziemlich schief.

114. *Arinia derians* v. Mlldff.

v. Mlldff., J. D. M. G. XIV. 1887 p. 248, t. VII. f. 5—5b.

var. *attenuata* n.

Differt testa multo graciliore, costulis magis distantibus, anfractu ultimo magis ascendente, apertura subtus magis protracta, callo parietali latiore, cum margine supero peristomatis angulum distinctum formante.

Long. $1^2/_3$, diam. 1 mm.

Camanangac bei Palo, Angay bei Inopacan, Hinayangac (Quadras).

Diese Form ließe sich bei der Reihe von Unterschieden, die alle konstant auftreten, allenfalls auch als Art abtrennen, doch ist der Gesamthabitus doch recht ähnlich. Sie ist fast ebensogroß wie der Typus von Cebu, aber viel schlanker, die Skulptur weitläufiger und eher Rippung zu nennen, namentlich auf der letzten Windung, die letztere noch stärker ansteigend, daher die Mündung stärker nach hinten geneigt, die Schwiele des Mundsaums ist noch höher ausgebreitet und bildet mit dem äußeren Mundsaum an dessen Einfügung einen entschiedenen Winkel, fast einen Ausschnitt.

115. *Arinia costata* v. Mlldff.

v. Mlldff., J. D. M. G. XIV. 1887 p. 249, t. VII. f. 6—6b.

var. *minor* m.

Macrohon, Limansaua (Quadras).

Etwas kleiner und letzte Windung etwas mehr ansteigend, sonst in der Gesamtform, der Skulptur, dem Mundsaum etc. ganz mit dem Typus von Cebu übereinstimmend.

Die drei Cebu-Arten dieser Gruppe haben mithin je einen Vertreter, mehr oder weniger modifiziert, auch auf Leyte. Eine Varietät von *A. minutissima* habe ich von Siquijor erwähnt, eine andere Varietät hat Quadras auf Negros entdeckt. *A. devians* erstreckt sich in einer etwas abgeänderten Form auch auf Negros und Guimaras, während sich andere Arten der Gruppe auf Sibuyan, den Calamianes und Marinduque gefunden haben. Von Luzon kenne ich noch keinen Vertreter. Dagegen wird die Gruppe über die südlichen Inseln weit verbreitet sein, da kürzlich eine Art von Borneo, *A. similis* E. Sm., beschrieben worden ist. Wegen der nahe der Mündung, etwa $\frac{1}{2}$ Umgang zurück, gelegenen Konstriktion schließen sich unsere Arten den typischen *Arinia*-Formen an, aber wegen der weißen Farbe, der geringen Größe, der Skulptur und der Mundsaumbildung verdienen sie eine eigene Sektion zu bilden, welche ich *Leucarinia* n. sect. nenne.

116. *Palaina chrysalis* v. Mlldff.

v. Mlldff., J. D. M. G. XIV. 1887 p. 251, t. VII. f. 12—12b.

var. *cylindrus* n.

Differt a typo cebuano testa fere regulariter cylindracea,

anfractu ultimo vix distorto, parum ascendente, costulis paullo
magis confertis.

Long. 1.5. diam. 0,6 mm.

Maasin (Koch), Patong bei Maasin. Biliriu bei Malitbog. Macrohon (Quadras).

117. *Palaina porrecta* v. Mlldff. (Taf. V, Fig. 1. 1a—b).

T. sinistrorsa, umbilicata, ovata, distanter oblique costata,
flavescens: spira convexo-conica, apice acutulo, submammillato.
Anfr. 6½ convexi, sutura profunda, costis crenata disjuncti,
secundus peculiariter angustus, caeteri lente accrescentes, ultimus
decrescens, initio constrictus, multo distantius costatus, a tertia
parte solutus, deflexus et porrectus, ante aperturam campanu-
latus. Apertura fere verticalis, circularis: peristoma duplex,
internum porrecto-expansum, externum excepta parte supera
late expansum.

Long. 4, diam. med. 2¼s, apert. c. perist. lat. 1½ mm.

Palaina porrecta v. Mlldff., N. Bl. D. M. G. 1890 p. 209.

Hab. ad vicum Maasin, leg. cl. O. Koch.

var. *subcontracta* n.

Minor, albescens, angustius perforata, anfractus ultimus
paullo minus solutus et deflexus, paullo magis distanter costulatus.

Long. 3.5, diam. 2 mm.

Hab. ad vicum Biliran, leg. cl. J. Quadras.

Während sich diese merkwürdige Form im Ganzen gut an
die Luzoner Gruppe von *P. quadrasi* m. anschließt, weicht sie
habituell durch den wie bei *Diaphora* lostretenden und ein
freies trompetenartiges Röhrchen bildenden letzten Umgang
stark ab. Ähnliche *Palaina*- oder *Diplommatina*-Formen sind
mir nicht bekannt, wohl aber nähert sich die Art manchen
Opisthostoma-Formen. Eine eigene Sektion für sie zu errichten,
halte ich nicht für nötig.

Die Varietät ist kleiner, fast reinweiß, enger durchbohrt,
die letzte Windung etwas weniger lostretend, etwas mehr nach
innen gewunden, die Striktur ist gerade über der Mündung,
beim Typus weiter links.

117. *Palaina mirabilis* n. sp. (Taf. V. **Fig. 2**. 2a—c).

T. sinistrorsa, oblique et irregulariter ovalis, tenuis, pellucida, albescens, costulis superne sat, inferne gradatim magis distantibus in alas vesicularum instar curvatas, sed antice apertas elongatis peculiariter sculpta. Anfractus 6 perconvexi. sutura profunda discreti, superiores 4 spiram parum conoideoelevatam formantes, penultimus multo major, devians, ultimus initio constrictus, a quarta parte solutus, maxime distortus, deflexus, tum valde ascendens, denuo cum penultimo conjunctus, denique solutus et porrectus. Apertura retrorsum fere diagonalis. circularis; peristoma subduplex, valde expansum, superne paullum excisum.

Long. 3¼. diam. (cum alis) 3 mm

Hab. prope vicum Ma c r o h o n, leg. cl. J. Quadras.

Wenn ich schon die vorige Art mit *Opisthostoma* verglich, so ist diese ebenso durch ihre Skulptur wie durch ihre Windungsunregelmäßigkeiten wunderbare Form entschieden als ein Übergang von *Palaina* zu *Opisthostoma* aufzufassen. Die letzte Windung tritt nach dem ersten Viertel los, biegt sich stark nach unten, steigt dann wieder an und legt sich an die vorletzte, um schließlich wieder ein Stückchen loszutreten und sich etwas nach oben vorzustrecken. Wenn sich dieses letzte freie Röhrchen weiter nach oben verlängerte, würde sich schließlich ein typisches *Opisthostoma* ergeben.

Nicht minder auffällig ist die Skulptur, welche an meine *Diplommatina resicans* von Siquijor erinnert. Wie bei jener sind die entferntstehenden Rippen in blasenartige, nach vorn gekrümmte Flügel verlängert; während sie aber bei *D. resicans* vorn geschlossen sind, indem sich ein Bläschen auf das andere legt, stehen sie hier vorn offen

118. *Diplommatina rupicola* v. Mlldff.

v. Mlldff., J. D. M. G. XIV. 1887 p. 251, t. VII. f. 8—8b.

Vom Typus der Insel Cebu kaum verschieden. Maasin (Koch), Basay, Biliran, Magonbagon, Pacbanganan, Camanangac (Quadras).

var. *contracta* n.

Minor, ventricosior.

Long. 1,75, diam. 0,75 mm.

Tabog und Tigbao bei Tacloban, Hinayangac (Quadras).

119. *Diplommatina (Sinica) quadrasi* n. sp. (Taf. V. Fig. 3, 3a b).

T. rimata. ventricoso-turrita. tenuis. subpellucida. fulva. sat confertim costulato-striata. Anfractus 8 convexi. superi spiram subregulariter conicam efficientes. penultimus magnus. valde tumidus. ultimus illo multo angustior. valde distortus. antice brevissime ascendens. Apertura diagonalis. subauriformis: peristoma vix duplex. late expansum. superne appressum. Lamella columellaris sat valida. subhorizontalis, spiraliter recedens. palatalis brevis, valde lateralis. parietalis profunda. brevis.

Long. 3,6, diam. 1,75 mm.

Hab. ad vicos Magonbagon et Tigbao. leg. cl. J. Quadras.

In der Gestalt der *D. latilabris* O. Semp. und *cebuensis* m. nahekommend, aber wegen der Palatale zu *Sinica* gehörig. Sie ist größer und bauchiger als *D. (Sinica) kochiana* m. von Cebu. die Palatale viel kürzer, die Mündung schiefer, der Mundsaum kaum verdoppelt. Ihr Verhältnis zu den beiden folgenden Arten soll bei diesen besprochen werden.

120. *Diplommatina (Sinica) icylensis* n. sp. (Taf. V. Fig. 4. 4a -b).

T. subperforata, conico-turrita. tenuis. corneo-rufescens. costulis sat distantibus. obliquis. curvatis sculpta. Anfr. 8 perconvexi. superi spiram regulariter conicam apice acuto efficientes. ultimus penultimo angustior. parum distortus. initio constrictus. tum tumidus. antice vix ascendens. Apertura sat obliqua. subelliptica: peristoma late expansum. subduplicatum. superne callo lato appressum. Lamella columellaris valida. subhorizontalis. palatalis perlonga. oblique descendens.

Long. 3,25, diam. 1.6 mm.

Hab. ad vicum Maasin. leg. cl. O. Koch. in Monte Bontoc et ad vicum Angay, leg. cl. J. Quadras.

Nächstverwandt mit *D. kochiana* m, aber Nabelritz offener. fast schon durchbohrt zu nennen. Windungen stärker gewölbt. Rippen schärfer und weitläufiger, Palatale noch länger und schräg nach unten verlaufend. Mündung etwas länglicher. Von der vorigen Art durch die weniger schiefe Mündung. den weniger geschwollenen und daher weniger stark hervortretenden vorletzten Umgang. die längere Palatale. geringere Größe und weitläufigere Rippung verschieden.

121. *Diplommatina (Sinica) breviplica* n. sp. (Taf. V. Fig. 5, 5a–b).

T. rimata, conico-turrita, tenuis, subpellucida, corneo-fulva, valde confertim costulato-striata. Anfr. 8 convexi, superi spiram regulariter conicam efficientes, ultimus parum distortus, initio constrictus, tum tumidulus, ad aperturam brevissime ascendens. Apertura sat obliqua, subovalis; peristoma subduplex, late expansum, superne callo lato, tenui appressum. Lamella columellaris humilis, obliqua, palatalis brevis, subhorizontalis, supra columellam conspicua, parietalis valde profunda, brevis.

Long. 3, diam. $1^{1}/_{3}$ mm.

Hab. ad vicum Bato, leg. cl. O. Koch, prope vicos Matalon, Hinayangang, Biliran, Iba, Malitbog, leg. cl. J. Quadras.

Von der vorigen nicht nur durch die konstant viel kürzere Palatale, sondern auch durch geringere Größe, schlankere Gestalt, dichtere und feinere Skulptur, schwächere Columellare verschieden. In der Skulptur und der Länge der Gaumenfalte stimmt sie am meisten zu *D. quadrasi*, von der sie durch die fast regelmäßige Anfwindung, die weniger schiefe Mündung und die schwächere Spindellamelle abweicht.

Das Verhältnis der vier besprochenen größeren *Sinica*-Arten stellt sich wie folgt:

	kochiana	leytensis	breviplica	quadrasi
Gestalt	schlank	ziemlich bauchig	ziemlich schlank	sehr bauchig
Länge	3,5	3,25	3	3,6 mm
Skulptur	sehr fein rippenstreifig	ziemlich weitläufig gerippt	fein rippenstreifig	
Windungen	mäßig gewölbt	stark gewölbt		
Vorletzte Windung	nicht	wenig		stark
		seitlich hervortretend		
Letzte Windung	regelmäßig	wenig		stark
		aus der Richtung		
Mündung	sehr schief	ziemlich schief		diagonal
Spindellamelle	kräftig, fast horizontal	kräftig, schräg	schwach, schräg	ziemlich kräftig, fast horizontal
Palatale	lang, horizontal	sehr lang, schräg	kurz	

122. *Diplommatina (Sinica) micropleuris* n. sp. (Taf. V, Fig. 6, 6a b).

T. rimata, venticosulo-pyramidata, solidula, subpellucida, fulva, costulis tenuissimis, sat distantibus, arcuatis sculpta. Anfr. 7 perconvexi, penultimus vix, ultimus paullum distortus, antice breviter ascendens, apertura parum obliqua, oblique ovalis; peristoma distincte duplicatum, externum breviter expansum, valde incrassatum, ad columellam angulatim attenuatum et sinuatum, superne interruptum, internum sulco ab illo separatum, vix expansum, superne appressum. Lamella columellaris humilis, palatalis perlonga, supra columellam conspicua.

Long. 2¹ ₄, diam. 1 mm.

Hab. ad vicum Campagal insulae Leyte, leg. cl. J. Quadras.

Durch die ziemlich weitläufige, aber dabei sehr feine Costulierung, den sehr entschieden verdoppelten Mundsaum und die lange Palatale sehr gut gekennzeichnet. Nähere Beziehungen zu anderen philippinischen Arten hat sie nicht.

123. *Diplommatina (Sinica) subcrystallina* n. sp. (Taf. V, Fig. 7, 7a b).

T. rimata, conico-ovata, tenuis, pellucida, flavescenti-hyalina, costulis tenuissimis, arcuatis, valde distantibus (verosimiliter in alas productis) sculpta. Anfr. 7 convexi, superi spiram conicam lateribus convexiusculis efficientes, ultimus penultimo paullo angustior, vix distortus, antice brevissime ascendens. Apertura parum obliqua, rotundato-rhombica; peristoma duplex, externum sat expansum, incrassatum, ad columellam attenuatum, sinuatum, superne interruptum, internum sulco ab illo separatum, breviter expansum, superne appressum. Lamella columellaris modica, palatalis brevis, supra columellam conspicua.

Long. 2.1, diam. 1 mm.

Hab. ad vicum Camanangae, leg. cl. J. Quadras.

Die eigentümliche Skulptur, sehr entfernt stehende, feine und scharfe Rippen, läßt darauf schließen, daß bei frischen Stücken flügelförmige Verlängerungen derselben, vielleicht sogar Blasenbildungen, wie bei *D. vesicans* m. von Siquijor oder der oben beschriebenen *Palaina mirabilis*, vorhanden sind. Auch die glasige Schale erinnert an *D. vesicans*, von der sie im Übrigen gut verschieden ist.

124. *Diplommatina (Sinica) irregularis* v. Mlldff.

v. Mlldff., J. D. M. G. XIV. 1887 p. 253, t. VII. f. 11—11b.

var. *minima* v. Mlldff.

Von dieser winzigen Form, kaum $1\frac{1}{2}$ mm lang und $^2/_3$ mm breit, also in den Dimensionen der *D. boettgeri* m. gleichkommend, fand Quadras nur ein Stück bei Camanangac. Von *D. boettgeri* scheidet sie ohne Weiteres das spitze, fast konkave Gewinde und der heraustretende vorletzte Umgang. Diese Gesamtform teilt sie mit *D. irregularis* von Cebu, zu der ich sie provisorisch als Varietät stelle. Dieselbe ist größer, festschaliger, der Mundsaum viel stärker verdickt, die Palatale kürzer, so daß man die kleine Leyte-Form sehr wohl als Art abtrennen könnte. Doch möchte ich dazu größeres Material abwarten.

Fam. **Pupinidae.**

126. *Pupina nana* v. Mlldff. (Taf. V. Fig. 8. 8a—c).

T. ovato-conica, solidula, subtiliter sed distincte striatula, valde nitens, corneo-albescens. Anfr. 5 convexiusculi, superiores spiram conicam, acutiusculam efficientes, ultimus ventrosus, paullum distortus. Apertura verticalis, subcircularis; peristoma bene incrassatum, albolabiatum, margo externus ad insertionem attenuatus, valde recedens, cum lamella parietali valida, intrante canalem superum formans, columellaris dilatatus, medio incisus, incisura obliqua in canalem a latere apertum fere tubuliformen producta.

Long. $3\frac{1}{4}$, diam. $2\frac{1}{2}$ mm.

Pupina nana v. Mlldff., N. B. D. M. G. 1890 p. 209.

Hab. ad vicum B a t o, leg. cl. O. Koch, prope vicos M a c r o h o n, M a b u y o c, T u b a s a n et A n g a y, leg. cl. J. Quadras.

Etwa als Diminutiv von *P. bicanaliculata* Sow. (Cebu) aufzufassen, aber nicht nur durch die geringere Größe, sondern auch durch die trotz des Glanzes deutliche Streifung und den weiter und winklig ausgeschnittenen oberen Mundsaum und den kreisrunden und fast röhrenförmig vortretenden unteren Kanal verschieden.

127. *Moulinsia grandis* Gray.

Registoma grandis Kobelt, Landdeckelschn. Phil. p. 66 (ubi et. synon.)

Leyte (Cuming): Bato, Maasin (Koch), Tacloban, Campagal, Alang-alang, Menoiho, Camanangac (Quadras).

Südost - Luzon (Cuming, Jagor, Quadras), Catanduanes (Cuming, Quadras), Samar (Cuming, Jagor, Semper, Gutmann), Siquijor (Cuming), Mindanao (Semper, Quadras, Koch, Roebelen).

Die Verbreitung dieser häufigen und in der Färbung variablen Art fällt etwa mit der von *Musa textilis* (Abaka oder Manilahanf) zusammen, d. h. über den regenreicheren südöstlichen Teil des Archipels, wo ein wesentlicher Unterschied in der Niederschlagsmenge zwischen dem Nordost- und Südwest-Monsun nicht vorhanden ist. Auch lebt die Schnecke thatsächlich mit Vorliebe auf *Musa*. Mit einigem Widerstreben sehe ich mich genötigt, statt des allgemein angenommenen Namens „*Registoma* van Hasselt" wieder auf *Moulinsia* Grat. für die Pupiniden ohne oberen Kanal, nur mit Einschnitt des Columellarrandes zurückzugreifen. Der van Hasselt'sche Name (Allg. Konst- en Letterbode 1823) bezieht sich ausschließlich auf Arten von Java, wo bisher nur echte *Pupina*-Arten mit oberem Kanal gefunden worden sind. Auch zeigen nach v. Martens (Ostas. p. 157) van Hasselt's Figuren 8, 9 und 10 sämtlich eine Parietalfalte, sind also echte Pupinen; f. 7 ist allerdings ohne Falte gezeichnet, doch stimmt dieselbe nach v. Martens in Größe und Form mit *P. junghuhni* Herkl., so daß anzunehmen ist, die Falte sei aus Versehen bei der Zeichnung weggelassen worden. So lange nicht ein „*Registoma*" im Gray'schen und Pfeiffer'schen Sinne etwa auf Java noch entdeckt werden sollte, auf welches der Name *Registoma citrinum* van Hass. bezogen werden könnte, ist anzunehmen, daß van Hasselt's Gattungsname sich auf echte Pupinen bezieht. In diesem Falle würde er die Priorität vor *Pupina* Vignard (1829) haben, doch darf von dieser Namensvertauschung in Anbetracht der mangelhaften Beschreibung van Hasselt's und der unrichtigen Namensbildung (er müßte *Rhegostoma* oder *Rhexistoma* lauten) wohl abgesehen werden. Gratelonp hatte 1841 richtig für *Pupina grandis* Gray die neue Gattung *Moulinsia* aufgestellt, während Gray 1842 auf *Registoma* zurückgriff, welchen Namen er irrtümlich auf Arten ohne oberen Kanal bezog. Pfeiffer's *Registoma* ist eine Mischung von echten *Pupina*-Arten *(P. nicobarica* Pfr., *complanata* Pease, *solitaria* v. Mart., *junghuhni* Herkl. u. a.) und *Moulinsia.* Er macht einen Unterschied zwischen solchen Pupinen, bei welchen eine obere Incisur vorhanden sei, und solchen, bei denen der obere Kanal durch eine Parietallamelle gebildet werde. Ein solcher Unterschied besteht aber meines Erachtens nicht, vielmehr ist der obere Kanal stets, auch bei den von Pfeiffer zu *Pupina* gerechneten Arten, durch den an der Einfügung etwas zurücktretenden Mundsaum und durch die Parietallamelle gebildet Eine Differenz liegt nur darin, daß bei vielen Arten die Lamelle durch einen kräftigen Parietalcallus mit dem Columellarrand verbunden ist, wodurch sie als Fortsetzung des Mundsaums erscheint. Aber zwischen solchen Formen und denen, wo sie als deutlich getrennte Lamelle auftritt, sind alle Übergänge vorhanden, so daß da kein Einschnitt zu machen ist. Speziell *Pupina kerandreni* Vign., der historische Typus der Gattung, gehört zu der zweiten Abteilung ohne deutlichen Parietalcallus, mit abgesetzter Lamelle; logischer Weise hätte Pfeiffer diese Art daher zu *Registoma* stellen müssen, wie er es mit den nahe verwandten *P. cumingiana* und *complanata* auch thut.

Die Synonymie stellt sich mithin wie folgt:

Moulinsia Grateloup 1841 (typ. *M. grandis* Gray)
      Registoma Gray 1842 (non v. Hasselt), Pfeiffer (ex parte).

Pupina Vignard 1829 (typ. *P. kerandreni* Vign.)
      Registoma van Hasselt 1823 (ex typo dubio)
      | *Eupupina* Pfr.
      | *Registoma* Pfr. (ex parte).

Eine andere Frage ist die, ob diese Abteilungen nebst *Callia, Hargravesia* und der folgenden neuen Gruppe *Parocallia* generischen oder subgenerischen Rang verdienen. Hierin neige ich zu Pfeiffer's Ansicht, der sie im letzten Supplement zur Monogr. Pneumonop. (1876 p. 147) als Sektionen einer Gattung zusammenfaßt. Gerade die obenerwähnten *Pupina*-Arten mit abgeschwächter Parietallamelle, welche Pfeiffer zu *Registoma* stellte, sind als Übergänge von *Eupupina* zu *Moulinsia* aufzufassen. Auch darf ich hier auf die Bemerkungen über *Papina gracilis*, *Moulinsia exigua*, *Hargraresia philippinica* und die unten zu besprechende *Porocallia microstoma* verweisen (Jahresb. Senck. 1890 p. 279 und N. Bl. D. M. G. 1891 p. 52), deren große habituelle Ähnlichkeit bei Verschiedenheit der Mündungsbildung gegen generische Auffassung dieser Gruppen zu sprechen scheint. Wenn ich sie trotzdem vorläufig noch als Gattungen behandle, so geschieht dies hauptsächlich deshalb, weil noch jede Untersuchung der Weichteile fehlt, und der besseren Übersicht halber.

128. *Moulinsia fusca* Gray et var. *erythrostoma* v. Mlldff.

v. Mlldff., Jahresb. Senckenb. 1890 p. 280.

Anscheinend über die ganze Insel verbreitet; am gleichen Fundort ist der Mundsaum stets von gleicher Farbe, was meine Auffassung der rotlippigen Form als Varietät bestätigt.

129. *Porocallia microstoma* Kob.

Callia microstoma Kobelt, Landdeckelschn. Phil. p. 64, t. 7, f. 22.

Diese von Semper bei Bislig auf Mindanao entdeckte Art besitzt, wie ich bereits früher erwähnt habe (Jahresb. Senckenb. 1890 p. 279), zwar wie *Callia* einen zusammenhängenden Mundsaum, aber auf dem Nacken hinter der Lippe eine kreisrunde Öffnung. Junge Stücke haben wie *Moulinsia* am Spindelrand einen Kanal, welcher beim Weiterwachsen zugebaut wird und hinter dem sehr kräftigen Mundsaum als isolierte Pore sichtbar bleibt. Eine ähnliche Bildung zeigt „*Registoma*" *ambiguum* O. Semp. von Nordluzon; auch hier wird der bei jungen Stücken vorhandene Spindeleinschnitt beim Weiterbauen geschlossen, es bleibt aber, was Semper und Kobelt übersehen haben, eine winzige Öffnung in der kräftigen Spindelschwiele, welche der von *P. microstoma* ganz analog ist und nur dem Mundsaum etwas näher liegt. Für diese beiden Arten stelle ich die besondere Gruppe *Porocallia* auf, welche sich zwischen *Callia* und *Moulinsia* einschiebt und je nach der Auffassung über die Pupiniden-Gruppen entweder als besondere Gattung oder mit jenen als Sektion von *Pupina* zu betrachten ist.

Die auf Leyte (Camanangac, Campagal, Tubasan, Bato, Macrohon) von Quadras gesammelte Vertreterin dieser inter-

essanten Art ist vom Typus nicht unerheblich verschieden und
verdient als Varietät abgetrennt zu werden: var. *leytensis* m.
Sie ist kleiner: Höhe durch die Achse 3, Breite 3,5, Länge
(schräg gemessen) 3,75 mm. Beim Typus sind die entsprechenden
Zahlen 3,5, 3,75 und 4 mm. Ferner ist die Farbe rötlichbraun
(carneo-brunnea), der letzte Umgang über der Mündung sehr
wenig abgeflacht und stärker ansteigend.

Eine dritte Form, welche Quadras 1887 auf Catanduanes
sammelte, und die nun bald sechs Jahre unbestimmt bei Hidalgo
lagert, entfernt sich noch weiter vom Typus: sie ist noch kleiner,
die Pore liegt weiter von der Mündung zurück, die letzte
Windung weicht stärker aus der Richtung u. a. m., doch ist sie
wohl auch noch als Varietät von *P. microstoma* aufzufassen.
Mit ihr sehr nahe verwandt, wenn nicht identisch, ist die *Porocallia*, welche ich in einem verkalkten Stück bei Sampaloc,
Provinz Tayabas (cf. N. Bl. D. M. G. 1889 p. 109) sammelte.
Wir erhalten damit einen ziemlich geschlossenen Verbreitungsbezirk von Südost-Luzon nebst der Küsteninsel Catanduanes über
Leyte nach Ost-Mindanao und dürfen die interessante Art noch
in den Provinzen Camarines und Albay, sowie auf der Insel
Samar erwarten.

Die andere Art, welche sich im Habitus an *Moulinsia
fusca* und *similis* anschließt, ist bis jetzt ganz isoliert, doch
werden sich in den unerforschten Gebirgen von Nord- und
Mittel-Luzon verwandte Typen noch finden lassen.

Callia lubrica Gray, welche fast über den ganzen Archipel
verbreitet ist, scheint auf Leyte zu fehlen; auch von Mindanao
besitzen wir sie noch nicht

Fam. **Realiidae.**

130. *Omphalotropis (Aenella) hungerfordiana* Nev.
var. *ventrosula* n.

Minor, paullo ventrosior, anfractus paullo magis convexi,
sutura angustius marginata.

Long. 3¹/₄, diam. 2¹/₂ mm.

Insel Limansana, Macrohon, Iba, M. Bontoc, Saob, Bato,
Tubasan auf Leyte (Quadras).

Typus von Guimaras, Negros, Cebu, Siquijor bekannt.

Daß *Acmella* Blanf. zu *Omphalotropis* gehört, ist wohl sicher, namentlich durch den von Boettger hervorgehobenen, meist übersehenen feinen Nabelkiel. Wegen der zuckerhutförmigen, stumpfen Spitze und der glasigen, stark fettglänzenden Schale verdient sie als eigene Sektion bestehen zu bleiben.

131. *Omphalotropis (Solenomphala) conjungens* n. sp. (Taf. V, Fig. 9, 9a -b).

T. peranguste perforata, ventroso-conica, solidula, levissime striatula, corneo-fulvescens, nitidula: spira regulariter conica, apice acuto. Anfr. 6 convexi, sutura valde impressa, subcrenulata discreti, ultimus lateraliter subcompressus, ad columellam carinula parum exserta in perforationem evanescente cinctus. Apertura parum obliqua, ovalis: peristoma rectum, obtusum, margine columellari incrassatulo, patente, a latere intuenti valde sinuato.

Alt. 3$^1/_3$, diam. 2$^1/_2$ mm.

Hab. ad vicum Mabuyoc insulae Leyte, leg. cl. J. Quadras.

Diese Art, welche auf den ersten Blick leicht für eine *Assiminea* gehalten werden könnte, lebt nach Quadras an feuchten Felsen des Ufers eines Bergbaches in Gesellschaft von *Georissa*. Wie in der Lebensweise ist sie auch nach der Schale mit *O. (Solenomphala) stricta* Gld. (= *Assiminea scalaris* Hende, cf. Bttgr., J. D. M. G. XIV, 1887 p. 154, 220) aus Mittel- und Südchina nahe verwandt, aber durch geringere Größe, gerade Seiten des Gewindes, spitzeren Wirbel, tiefere Naht und stärker ausgeschnittene Spindel abweichend.

Ich möchte gegenüber Boettger's Ansicht (Jahresb. Senck. 1891 p. 298) *Solenomphala* Hende doch als besondere Gruppe neben *Acmella* festhalten, obwohl der feine Nabelkiel bei beiden ganz analog gebildet ist, und zwar wegen der festeren, wenig glänzenden Schale, des spitzeren, regelmäßigeren Gewindes und der langsameren Zunahme der Windungen.

Fam. **Truncatellidae**.

132. *Truncatella valida* Pfr.

Limansaua (Quadras).

Über den ganzen Archipel, sowie Hinterindien, Indonesien, Melanesien bis Polynesien verbreitet.

133. *Truncatella ciliana* Gld.

Cabalian, Leyte (Quadras).

Philippinen, Melanesien, Mikronesien.

134 *Truncatella quadrasi* n. sp. (Taf. V. Fig. 10. 10a b).

T. vix rimata, cylindracea, solidula, pellucida, alba, vix striatula, valde nitens. Aufr. qui supersunt 4 planiusculi, sutura late et distincte marginata discreti, ultimus basi subcompressus, confuse cristatus. Apertura verticalis, oblique ovalis; peristoma simplex, parum expansum, incrassatum. Operculum valde convexum, corneo-fulvum.

Long. 4, diam. 1^2,₃ mm.

Hab. ad vicum Saob prope Cabalian insulae Leyte, leg. cl. J. Quadras.

var. *minor* m.

Long. 3¹/₂, diam. 1¹/₂ mm.

Hab. ad vicum Magallanes insulae Sibuyan, leg. cl. J. Quadras.

Durch die geringe Größe, die fast rein cylindrische Gestalt, die flachen Windungen und die Glätte sehr ausgezeichnet.

135. *Truncatella (Taheitia) semperi* Kob.

Limansaua (Quadras).

Bohol (Semper), Cebu, Mactan (ich).

136. *Truncatella (Taheitia) albida* n. sp. (Taf. V. Fig. 11. 11a b).

T. rimata, cylindracea, solidula, diaphana, albida, sat distanter costata, costulis planiusculis 21 in anfractu ultimo, valde decollata. Aufr. qui exstant 4 convexiusculi, sutura profunda discreti, ultimus basi compressus, crista distinctissima cinctus. Apertura verticalis, oblique ovalis; peristoma duplex, internum continuum, solutum, sat incrassatum, valde porrectum, externum sat expansum, basi in cristam desinens.

Long. 4.5, diam. 1.9 mm.

Hab. ad vicum Saob insulae Leyte, leg. cl. J. Quadras.

Fam. **Helicinidae.**

Helicina Lam.

1. Sect. **Geophorus** Fisch.

Fischer, Man. Conch. (1885) 1887 p. 795.

Scharfgekielt, mikroskopisch granuliert, daher Erd- oder
Kalkteilchen ansetzend, namentlich am Kiel (meist nur bei jungen
Stücken). Deckel aus einer inneren hornigen und einer äußeren
kalkigen Platte bestehend, welche sich an der Spindelseite
etwas lostrennen und eine Rinne für die Spindel bilden kann.
Typus: *H. agglutinans* Sow.

137. *Helicina acutissima* Sow.

Ganz Leyte, auch Insel Panaon (Quadras, Koch).
Bohol, Siquijor, Cebu, Negros, Guimaras.

Die Formen von Leyte sind im allgemeinen etwas höher
als die typischen von Bohol und Cebu, auch kommen sehr
kleine, bis 12 mm Durchmesser, vor. Letztere treten in Größe
und Gestalt *H. acuta* Pfr. sehr nahe, haben aber den Deckel
von *H. acutissima* und nie eine obere Binde, die bei *acuta*
selten fehlt. Auf den Unterschied der Deckel habe ich bereits
früher (Jahresb. Senck. 1890 p. 290) aufmerksam gemacht; bei
H. acutissima ist die Randfurche an der Spindelseite tiefer, die
äußere, kalkige Platte etwas aufgestülpt und mit einer kleinen
Querleiste versehen, welche mit dem aufgestülpten Ende ein
äußerlich sichtbares Grübchen einschließt. Bei *H. acuta* ist die
Aufstülpung der Kalkplatte schwächer, dieselbe konkaver, es
fehlt das Grübchen. Ohne Kenntnis des Deckels sind kleinere,
meist höhere Formen von *H. acutissima* allerdings oft schwer
von *H. acuta* zu trennen, da die meisten Unterschiede mehr
gradueller Natur sind. Es ist mir daher selbst passiert, solche
Formen für *acuta* zu halten, z. B. die von Cebu, Siquijor, Insel
Agojo, welche ausnahmsweise eine obere Binde haben und doch
zu *H. acutissima* gehören. Es sind aber zwei Unterschiede
vorhanden, durch welche man die beiden Arten auch ohne
Deckel mit Sicherheit unterscheiden kann, die Stellung der
Binden und die Bildung der Spindel. Bei *acutissima* stößt die
untere Binde direkt an den Kiel, bei *acuta* ist sie durch einen
ziemlich breiten hellen Streifen von ihm getrennt. Die obere
Binde, deren Breite wechselt, läßt bei *acuta* ebenfalls je einen

hellen Streifen am Kiel wie an der Naht frei. Bei *acutissima* fehlt die obere Binde fast stets; wenn vorhanden, berührt sie die Naht. Die Spindel bildet bei *acutissima* mit dem Unterrand einen sehr flachen, gerundeten Winkel, bei *acuta* ist sie stark ausgehöhlt, der Winkel sehr entschieden, fast zahnartig.

138. *Helicina acuta* Pfr.

Weniger häufig: Maasin, Bato (Koch), Alang-alang, Cogoncogon, Camanangac (Quadras). Die Exemplare vom letzteren Fundort sind besonders groß, bis $15^{1}/_{2}$ mm Durchmesser, und schön gebändert.

Sonst von Cebu, Samar, Siargao und Mindanao bekannt.

139. *Helicina lazarus* Sow. var. *trochacea* n.

Saob bei Cabalian, Leyte.

Sehr hoch, diam. $6^{1}/_{4}$, alt. $5^{1}/_{2}$ mm, sonst in Skulptur, dem nicht abgesetzten, daher in den oberen Windungen nicht sichtbaren Kiel u. s. w. mit dem Typus von Luzon und Catanduanes übereinstimmend.

2. Sect. *Ceratopoma* n.

Testa habitu illi sect. *Geophori* similis, sed carina minus acuta, non agglutinans, operculum simplex, tenue, corneum.

Typus: *H. caroli* Kob.

140. *Helicina caroli* Kob.

Kobelt, Landdeckelschn. Phil. p. 70, t. VII, f. 26, 27.

var. *emaculata* n.

Differt testa tenuiore, citrinula, sculptura minus distincta, anfractu ultimo subtus magis convexo, peristomate minus expanso, superne paullum producto, basi et faucibus unicoloribus, absque maculis castaneis.

Diam. $13^{1}/_{4}$, $13^{3}/_{4}$, alt. $7^{1}/_{2}$—8 mm.

Hab. prope Mainit et Placer insulae Mindanao, Palapa insulae Samar, Menoiho insulae Leyte.

Trotzdem eine Reihe von Unterschieden vorhanden ist, kann diese interessante Helicine doch nur als Varietät der *H. caroli* Kob. von der Insel Siargao betrachtet werden. Es fehlt der braune Fleck oberhalb der Spindel und die braune Färbung in der Mündung, der Mundsaum ist weniger breit ausgeschlagen und verläuft rechts nicht in eine so scharfe Spitze wie beim Typus, auch ist er oben stärker gekrümmt und etwas vorgezogen, unten mehr zurücktretend, so daß er in der Seitenansicht einen ziemlich tiefen Bogen, beim Typus eine fast gerade Linie bildet. Die Schale ist etwas dünner, lebhafter gefärbt, die Skulptur feiner.

Der Deckel dieser Art ist einfach, hornig, schwach konkav, konzentrisch gestreift, während der Gesamthabitus etwa zu den *Geophorus*-Arten stimmt. Ich habe deshalb eine neue Sektion für sie gegründet, zu der von den Philippinen noch *H. contermina* O. Semp. und *hennigiana* m., beide von Nordluzon, gehören. Nach den Deckeln verhält sich *Ceratopoma* zu *Geophorus* etwa wie *Cyclophorus* zu *Cyclotus*.

3. Sect. *Pleuropoma* n.

Testa parva, obtuse carinata, peristoma parum expansum, intus labiatum, operculum testaceum, facie interiore lamella transversa, parum elevata, bicruri indutum.

Typus: *Helicina dichroa* v. Mlldff.

141. *Helicina dichroa* v. Mlldff. (Taf. V. Fig. 12. 12a—c).

v. Mlldff., Jahresber, Senckenb. 1890 p. 291.

Palompon (Koch), Tagbag, Iba, Hinayangan (Quadras).

var. *latesulcata* n.

Differt liris spiralibus impressis magis distinctis, multo magis distantibus.

Diam. 5, alt. 3,5 mm.

Limansaua (Quadras).

Während die Formen von Leyte sich an den Typus von Cebu, den Quadras seither auch auf Negros gesammelt hat, anschließen, ist die Rasse von Limansaua durch die Skulptur genügend verschieden, um einen besonderen Varietätnamen zu verdienen. Die Art ist über die südlichen Inseln weit verbreitet, doch meistens etwas modifiziert, als var. *boholensis* auf Bohol, var. *siquijorica* auf Siquijor und var. *pallescens* auf der kleinen Insel Balatanai im Süden von Mindanao.

Der Deckel, auf den ich neben der geringen Größe, dem rundlichen Kiel und dem wenig, oft gar nicht ausgebreiteten Mundsaum die neue Sektion begründe, ist kalkig, ohne eine innere hornige Platte zu zeigen. Auf der Innenseite verläuft eine schwache Querlamelle, welche in der Mitte geknickt ist und mit dem linken Rand ein stumpfwinkliges Dreieck bildet. Er nähert sich dadurch dem der folgenden Sektion, bei welchem sich der Scheitelpunkt der viel kräftigeren Lamelle zu einer förmlichen Apophyse erhebt.

4. Sect. *Sulfurina* n.

T. sat tenuis, nitida, plerumque citrina vel flava, rarius fulva vel aurantiaca, peristoma sat late expansum. Operculum testaceum, intus costa valida, bicruri, medio valde elevata, dentiformi munitum.

Typus: *H. citrina* Grat.

Neben den Schalen- und Deckelcharakteren ist noch ein wichtiger Unterschied in der Lebensweise hervorzuheben. Die früher genannten Helicinen sind durchweg Mulmschnecken, die meist am Boden, an bewachsenen Felsen, seltener an alten Baumstämmen leben, die Arten der neuen Sektion dagegen sind Laubschnecken, welche ich stets an den Blättern von Sträuchern und Bäumen fand. Es wäre interessant festzustellen, ob diese verschiedene Ernährungsweise das Gebiß in ähnlicher Weise modifiziert hat, wie bei den Heliciden.

142. *Helicina citrinella* n. sp.

T. depresso-globosa, tenuis, minute striatula, lineis rugulosis microscopicis oblique decurrentibus sculpta, nitens, subpellucida, sulfurea. Spira brevis, subconoidea. Anfr. 5 vix convexiusculi, ultimus ad peripheriam vix subangulosus. Apertura parum obliqua, late semiovalis; peristoma sat expansum, reflexiusculum, columella brevis, fere recta, cum margine basali angulum distinctum formans. Operculum testaceum, extus nitide album, leviter concavum, intus flavescens, costa medio obtuse angulata, crure supero fere stricto, infero leviter arcuato munitum.

Diam. 10$\frac{1}{4}$, alt. 7 mm.

Hab. in insulis Luzon, Marinduque, Burias, Catanduanes, Leyte, Cebu, Mindanao.

Helicina citrina Pfr. ex parte in Chemn. ed. II. t. III, f. 7—9 v. Mlldff., J. D. M. G. XIV p. 256 et passim (non Grat.).

Schon lange hat sich mir die Überzeugung aufgedrängt,
daß eine Reihe von *Helicina*-Formen der Philippinen, welche
bisher als kleine Varietäten der *H. citrina* Grat, angesehen
wurden, artlich von ihr verschieden sind. Ganz besonders aus-
schlaggebend war dafür, daß ich bei dem Dorfe Sampaloc,
Provinz Tayabas, typische große *H. citrina* mit einer kleinen
Form ohne Übergänge zusammenlebend fand, und daß die
Weichteile der ersteren lebhaft gelb, die der letzteren grünlich-
schwarz gefärbt waren (vergl. N. Bl. D. M. G. 1889 p. 110).
Seither hat sich teils durch eigenes Sammeln, teils durch
Semper's Ausbeute, die mir Freund Kobelt zur Durchsicht
überließ, und Quadras' reiches Material mein Vorrat an hierher
gehörigen Formen so vermehrt, daß ich nunmehr ein festeres
Urteil gewonnen habe. Der Hauptunterschied liegt auch hier
wieder in den Deckeln: bei *H. citrina* ist derselbe innen rot
gefärbt, bei *citrinella* gelblich: bei ersterer ist der Schenkel
der „Rippe" auf der Innenseite stark S-förmig geschwungen,
die Mitte bildet einen Halbkreis, der obere Schenkel ist gerade.
Bei *citrinella* bildet die Rippe fast ein Dreieck mit dem Spindelrand, die Mitte ist hier, wenn auch gerundet, doch deutlich
stumpfwinklig, der Unterschenkel nur schwach ausgebogen, fast
gerade. Hierdurch gewinnen auch die habituellen Unterschiede
an Wert. *H. citrina* ist groß (16—16½ mm). Gewinde ziemlich gedrückt. Peripherie stets deutlich, wenn auch stumpf gekantet. *H. citrinella* ist kleiner, mehr kugelig, peripherische
Kante schwächer angedeutet, die Windungen ein wenig gewölbter, die Spindel mehr senkrecht, der Winkel derselben mit
dem Unterrande schärfer.

Hiernach ergiebt sich für die echte *H. citrina* ein viel
beschränkterer Verbreitungsbezirk, als bisher angenommen
worden ist. Ich kenne sie von Tayabas, den Küsteninseln
Alabat (Semper) und Catanduanes (Quadras), sowie aus der
Provinz Albay (Quadras), also dem östlichen Mittel-Luzon und
Südost-Luzon nebst Küsteninseln. Nach Norden schließt sich ihr
H. crossei Semp. an, welche zwar meiner Ansicht nach auch
Artgültigkeit besitzt, sich aber nach dem Deckel an *H. citrina*
anschießt und ihr näher steht als meine *citrinella*. Auf Mindanao
lebt *H. amaliae* Kob., welche der Autor sehr richtig als eine
gekielte *citrina* kennzeichnet; auch sie hat Färbung und innere

Rippung des Deckels wie *citrina*. Diesem engeren Formenkreise der echten *citrina* steht die viel weiter verbreitete *H.
citrinella* mit zahlreichen Formen und Varietäten gegenüber.
Als Typus habe ich die erwähnte Form von Tayabas angenommen, welche auch in den Bergen bei Manila (Montalban
etc.) vorkommt. Weiter im Berglande von Morong findet sich
eine größere Varietät (var. *major*) von 12 mm Durchmesser,
welche im Gegensatze zu dem stets gleichförmig gefärbten
Typus einfarbig gelbe, orangegelbe bis orangerote, selten mit
einer ziemlich breiten roten Binde oberhalb der Nähte ver-
sehene Abänderungen aufweist. Im Gegensatze hierzu lebt auf
dem hohen Berge Limutan desselben Distriktes eine sehr kleine,
sonst ganz typische Bergform (var. *minor*) von 7 mm Durchmesser. Nach Norden in den Bergen der Provinzen Bulacan
und Nueva Ecija (Sibul, Dingalan, Mariquit) treten etwas
größere (12 mm, häufig orangegelb gefärbte, sonst typische
Formen auf. Bei Palanan an der Nordostküste fand Semper
eine kleine, etwas höhere Varietät, var. *subglobosa* m., von
8 mm Durchmesser, $5^2/_3$ mm Höhe. Dieselbe ist für die Art-
unterscheidung von *citrina* und *citrinella* besonders instruktiv,
da sie mit *H. crossei* am gleichen Fundorte zusammenlebt.
Wie letztere sich als eine höhere Form von *H. citrina* auffassen läßt und jedenfalls eine modifizierte *citrina* ist, so ist
auch *citrinella* durch eine mehr kugelige Form vertreten. Vom
Norden, Nordwesten und Westen Luzons ist mein Material nur
spärlich. Bei Malunú, Provinz Isabela, entdeckte mein Freund
Hennig die allerliebste var. *taeniolata* m. mit einer roten Binde
oberhalb der Peripherie, diam. $8^1/_1$—$9^1/_2$, alt. $5^1/_2$—$6^3/_4$ mm,
sonst typisch. Dr. Schadenberg sammelte am Mte. Bulagao,
Provinz Ilocos Sur, eine mittelgroße *citrinella* von hochgelber
Farbe, etwas kugeliger als der Typ, die kaum einen Varietätnamen verdient.

Auf den südlichen Inseln ist unsere Art ebenfalls weit
verbreitet: Marinduque, Burias, Cebu, Olango bei Cebu, Leyte,
durchschnittlich etwas kleiner als die von Luzon. Auf Cebu
fand sich die Abart mit weißer Nahtbinde (f. *suturalis*), welche
Pfeiffer (Chemn. Helic. t. III, f. 7—9) abbildet, mit typisch gefärbten zusammen, auf Olango nur die weißbindige. Auf
Catanduanes lebt die obenerwähnte var. *minor*, also auch hier

wieder Zusammenleben von *citrina* und *citrinella*, ohne jeden Übergang!

Einen besonderen Varietätnamen scheint mir eine *H. citrinella* von der Insel Panaon zu verdienen:

var. *bicincta* n.

Kantung sehr deutlich, längs der Peripherie laufen zwei Kielchen von dünner, membranartiger Substanz, die sich bei erwachsenen Stücken meist abreiben. Spuren davon finden sich auch bei jungen Exemplaren der anderen Formen; hier scheint diese Bildung konstanter zu sein.

Dieselbe Varietät sammelte Quadras auch bei Surigao, während sonst auf Nordost-Mindanao (Oberer Butuan und Bislig) eine abweichende Rasse, var. *apicata* m., vorkommt. Die oberen Windungen bis zum Ende der vorletzten sind lebhaft rot gefärbt, die letzte wie gewöhnlich gelb. Die Kantung ist deutlicher wie beim Typ, das Gewinde spitzer konisch, der Deckel typisch. Wäre die Färbung ganz konstant, so würde diese Form vielleicht verdienen als Art abgetrennt zu werden, doch kommen, wenn auch selten, etwa 1% gleichfarbige, gelbe Stücke vor.

Fam. **Hydrocaenidae**.

143. *Georissa quadrasi* n. sp. (Taf. V, Fig. 13, 13a—b).

T. rimata, ovato-turbinata, striis transversis, liris spiralibus valde exsertis, sat distantibus et in interstitiis lineolis spiralibus minutis et confertis sculpta, solidula, rufo-fulva; spira subregulariter conica, apice obtusulo, glabrato. Anfractus $4\frac{1}{2}$ convexi, regulariter accrescentes, sutura profunda discreti, ultimus antice paulisper descendens. Apertura valde obliqua, oblique ovalis; peristoma simplex, acutum, vix expansiusculum, columella callosa, late reflexa, rimam fere omnino obtegens.

Long. 1,9—2,25, diam. 1,4—1,66 mm.

Hab. ad vicos Tagbag, Hinayangang, Mabuyoc insulae Leyte, nec non in insula Limausana, leg. cl. J. Quadras.

Durch die kräftigen, ziemlich entfernt stehenden Spiralkielchen von den übrigen philippinischen Arten verschieden; auch außerhalb der Philippinen wüßte ich keine Art zu nennen, der sie nahesteht.

144. *Georissa subglabrata* v. Mlldff.

v. Mlldff., J. D. M. G. XIV, 1887 p. 96, t. IV, f. 5.

Palompon (Koch), Biliran, Mabuyoc, Macrohon, Limansaua (Quadras).

Luzon, Marinduque, Cebu.

145. *Georissa turritella* n. sp. (Taf. V, Fig. 14, 14a—b).

T. perforata, turrita, tenuis, fere laevigata, sculptura transversa et spirali sub lente vix conspicua, pallide corneo-flavescens. Anfr. 6½ perconvexi, sutura profundissima discreti, lente accrescentes. Apertura sat obliqua, subcircularis; peristoma simplex, rectum, marginibus callo crassiusculo junctis, columellari brevissime reflexo.

Long. 1,5, diam. 1,1 mm.

Hab. in monte Bontoc prope vicum Hindang, leg. cl. J. Quadras.

Von der vorigen Art hauptsächlich durch schlanke Gestalt, 1½ Windungen mehr und spitzes, getürmtes Gewinde verschieden.

Fam. **Neritidae.**

146. *Neritina (Neritodryas) subsulcata* Sow.

Maasin, Limansaua (Quadras).

Auf den Philippinen, in Indonesien und Melanesien weit verbreitet.

Erklärung der Tafeln.

Taf. III.

Fig. 1. *Vitrinoconus suturalis* n. sp. pag. 61. Bato, Leyte. 1 nat. Größe, 1a und 1b vergr.

2. *Parenplecta quadrasi* n. sp. pag. 63. Zwischen Ormoc und Jaro, Leyte. 2 und 2a nat. Größe.

3. *Euplecta kochiana* n. sp. pag. 63. Maasin, Leyte. 3 nat. Größe, 3a und 3b vergr.

4. *Kaliella transitans* n. sp. pag. 68. Campagal, Leyte. 4 nat. Größe, 4a und 4b vergr.

5. *Lamprocystis appendiculata* n. sp. pag. 72. Angay, Leyte. 5 nat. Größe, 5a und 5b vergr.

Fig. 6. *Lamprocystis subcrystallina* n. sp. pag. 73. Himayangang, Leyte. 6 nat. Größe. 6a—6c vergr.

7. *Trochomorpha sericina* n. sp. pag. 74. Tacloban, Leyte. 7 nat. Größe. 7a—7c vergr.

8. *Chloritis leytensis* n. sp. pag. 80. Baybay, Leyte. 8a und 8b nat. Größe. 8 vergr.

9. *Cochlostyla connectens* n. sp. pag. 97. Macrohon, Süd-Leyte. Nat. Größe.

„ 10. *Succinea philippinica* n. sp. pag. 101. Boljoon, Cebú. 10 nat. Größe. 10a und 10b vergr.

11. *Planorbis quadrasi* n. sp. pag. 105. Montalban, Luzon. 11 nat. Größe. 11a—11c vergr.

Taf. IV.

Fig. 1. *Assiminea semilirata* Bttgr. pag. 106. Magallanes, Sibuyan. 1 nat. Gr., 1a—1c vergr.

„ 2. *Cyathopoma pyramidatum* n. sp. pag. 106. Palo, Leyte. 2 nat. Größe. 2a—2c vergr.

3. *Cyclotus leytensis* n. sp. pag. 106. Bato, Leyte. 3a—3c nat. Größe.

4. *Ditropis decollata* n. sp. pag. 109. Macrohon, Leyte. 4 nat. Größe. 4a—4c vergr.

5. *Ditropis conulina* n. sp. pag. 110. Palo, Leyte. 5 nat. Größe. 5a—5c vergr.

6. *Ditropis pyramidata* n. sp. pag. 110. Tuburan, Cebú. 6 nat. Größe. 6a—6c vergr.

7. *Lagochilus grande* n. sp. pag. 116. Macrohon, Leyte. 7 nat. Größe. 7a vergr.

8. *Lagochilus concolor* n. sp. pag. 117. Insel Limansaua bei Leyte. 8 nat. Größe. 8a vergr.

9. *Leptopoma quadrasi* n. sp. pag. 120. Tacloban, Leyte. 9 nat. Größe. 9a vergr.

„ 10. *Helicomorpha quadrasi* n. sp. pag. 121. Saob, Leyte. 10 nat. Größe. 10a—10b vergr.

11. *Helicomorpha appendiculata* n. sp. pag. 122. Macrohon, Leyte. 11 nat. Größe. 11a—11b vergr.

„ 12. *Helicomorpha depressa* n. sp. pag. 123. Bato, West-Leyte. 12 nat. Größe. 12a—12b vergr.

Taf. V.

Fig. 1. *Palaina porrecta* n. sp. pag. 126. Maasin, Leyte. 1 nat. Größe. 1a—1b vergr.

2. *Palaina mirabilis* n. sp. pag. 127. Macrohon. Leyte. 2 nat. Größe. 2a—2c vergr.

3. *Diplommatina quadrasi* n. sp. pag. 128. Magonbagon, Leyte. 3 nat. Größe. 3a—3b vergr.

4. *Diplommatina leytensis* n. sp. pag. 128. Mte. Bontoc, Leyte. 4 nat. Größe. 4a—4b vergr.

5. *Diplommatina breviplica* n. sp. pag. 129. Malitbog, Leyte. 5 nat. Größe, 5a—5b vergr.

6. *Diplommatina micropleuris* n. sp. pag. 130. Campagal, Leyte. 6 nat. Größe, 6a—6b vergr.

7. *Diplommatina subcrystallina* n. sp. pag. 130. Camanangac, Leyte. 7 nat. Größe. 7a—7b vergr.

8. *Pupina nana* n. sp. pag. 131. Macrohon, Leyte. 8 nat. Größe. 8a—8c vergr.

9. *Solenomphala conjungens* n. sp. pag. 136. Mabuyoc, Leyte. 9 nat. Größe. 9a—9b vergr.

10. *Truncatella quadrasi* n. sp. pag. 137. Saob, Leyte. 10 nat. Größe. 10a—10b vergr.

11. *Truncatella albida* n. sp. pag. 137. Saob, Leyte. 11 nat. Größe, 11a—11b vergr.

„ 12. *Helicina dichroa* n. sp. pag. 140. West-Cebú. 12 nat. Größe, 12a—12c vergr.

„ 13. *Georissa quadrasi* n. sp. pag. 144. Tagbag. Leyte. 13 nat. Größe. 13a—13b vergr.

14. *Georissa turritella* n. sp. pag. 145. Mte. Bontoc, Leyte. 14 nat. Größe. 14a—14b vergr.

Register.

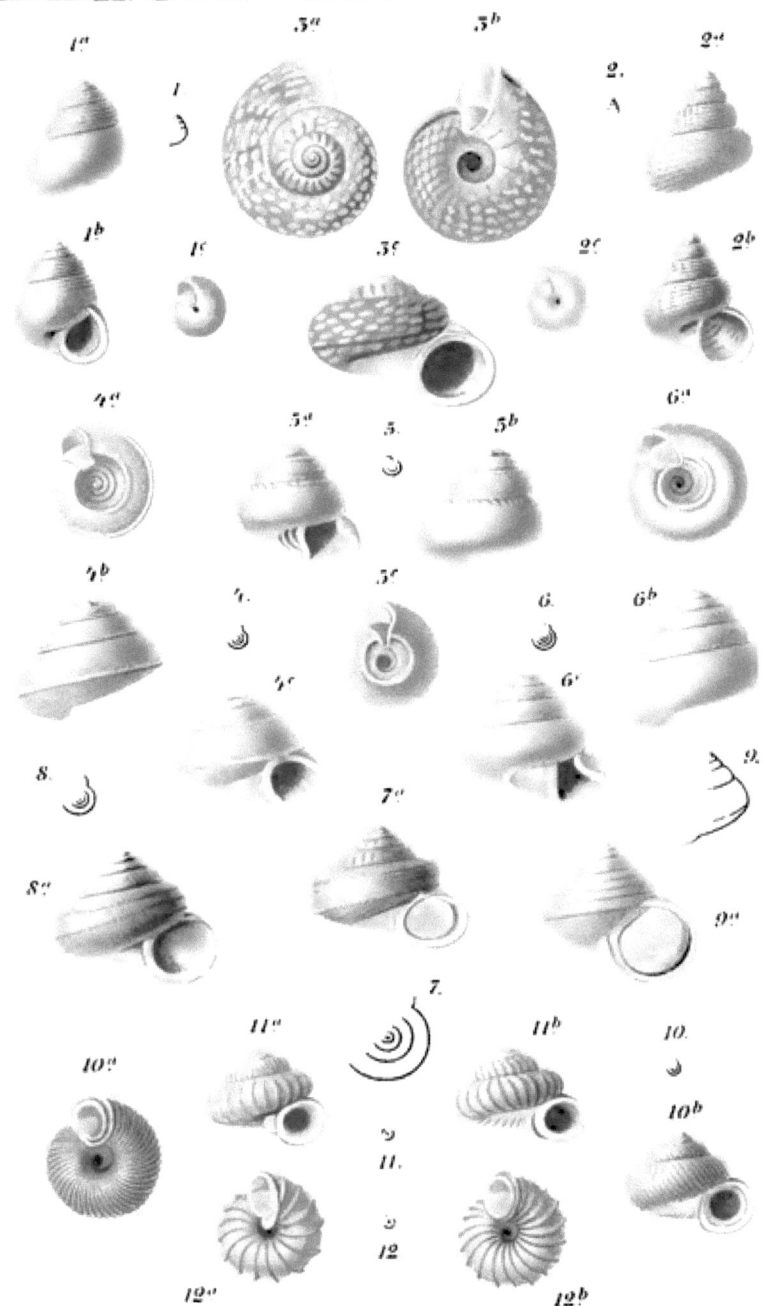

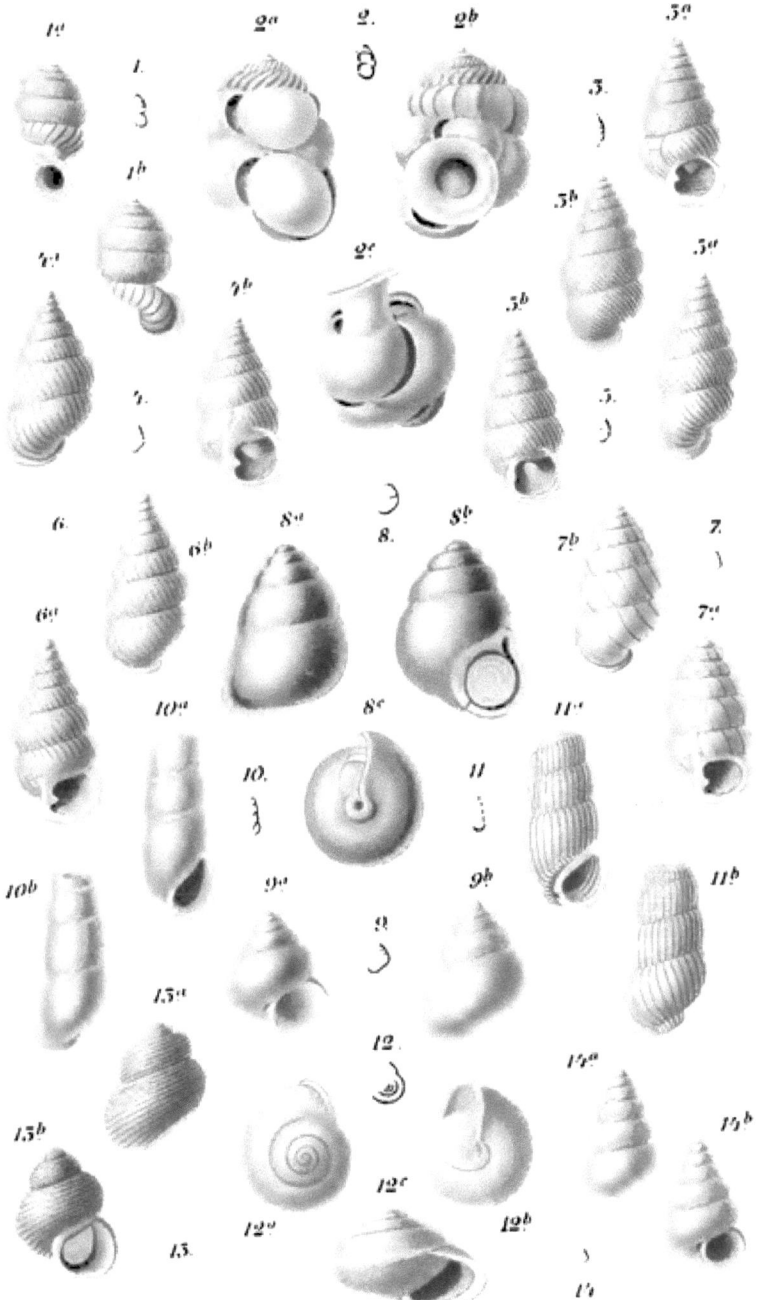